21世紀の学習者と教育の4つの次元

知識, スキル, 人間性, そしてメタ学習

C・ファデル
M・ビアリック 著
B・トリリング

岸　学 監訳

関口貴裕
細川太輔 編訳

東京学芸大学次世代教育研究推進機構 訳

北大路書房

FOUR-DIMENSIONAL EDUCATION

by Charles Fadel, Maya Bialik, and Bernie Trilling
Copyright © 2015 by Center for Curriculum Redesign

Japanese translation published by arrangement with
Charles Fadel through The English Agency(Japan) Ltd.

「教育の４つの次元」への賛辞

● 国際機関から

「教育の４つの次元」は，教育に関して，たぐいまれかつ深遠な戦略的対話を提供してくれている。これまで若者が学校で何を学ぶかについては，あまり言及されず，時代遅れなコンセンサスがあるのみであった。著者らはそれを問い直すことによって，何を学ぶかに関して，明確かつ系統立った境界線を示している。何を学ぶかの周りに分析のための線を描くことは，既存の境界の中に留まるよう勧めることになるのか？　それとも，系統的に異なる目標と学びの体系を想像して足を踏みだすという挑戦になるのか？　「教育の４つの次元」はこの両方の革新的な思考を奨励してくれる。　——リエル・ミラー（Riel Miller）

ユネスコ（国連教育科学文化機関）

未来部門部長

カリキュラムの内容はどの国でも，その国の価値観を定義づけ，未来の世代への希望を反映したものである。カリキュラム・デザインが「何を」に焦点を当てるにあたって，「教育の４つの次元」は政策立案者と教育実践者にインスピレーションを与え，豊かで実用的な刺激を提供してくれる。

——ジョー・ホールガーテン（Joe Hallgarten）

王立芸術協会（RSA）

教育部門局長，グランド・カリキュラム・デザイン・リーダー

「教育の４つの次元」は，我々の社会におけるおもな課題の１つ，―グローバルな21世紀のニーズと願いに応えるため，教育システムをどのように変革していくか―を探求していくにあたっての，深く説得力のある，総合的でオープンマインドな対話をもたらしてくれる。我々 USCIB は，CCR 後援によるこの円卓会議を通して，子どもたちが望ましい世界を築くのを支える見識，視点を教育界，経済界，実業界が一体となって考える対話に参加することができ，

とても光栄である。　　──ピーター・M・ロビンソン（Peter M. Robinson）

米国国際ビジネス評議会（USCIB）

最高経営責任者・会長

● 企業から

　ネット検索，ロボット工学，人工知能の時代に子どもたちは何を学ぶべきか？加速するテクノロジーと情報の激増は，指導内容にフォーカスした伝統的な教育システムを再考することへの喫緊の必要性を生みだした。現代社会と労働市場のニーズがどのように変化しているかについての深い理解から始まり，適切な現代的知識と深いコンピテンシーを反映させた教育カリキュラムへの大きなジャンプに挑戦する勇気を本書は我々に与えてくれる。

──スティーブ・ヴィンター（Steve Vinter）

グーグル

ケンブリッジ・サイト，ディレクター

　急速に変化する世界の中での未来の教育に興味のある人なら誰にとっても，読むべき本である。未来を予測する最もよい方法は，次世代の子どもたちに，よりよい未来を構築してもらうようなインスピレーションを与えることである。

──ジム・スポーラー（Jim Spohrer）

IBM

大学プログラム・ディレクター

　本書は，教育と教育改革に関わるすべての人々が読む必要のある本である。ファデル氏とその共同研究者たちは，多様なステークホルダーがそれぞれの違いの中で共通点を見いだすことができるための独自の言語と枠組みマップだけではなく，革新的なシステムを開発し比較していくための手段を蓄積している。

──ジョン・アベレ（John Abele）

ボストン・サイエンティフィック社，創業会長

アーゴシー財団，会長

科学者，人道主義者，エンジニア，芸術家として，生涯を通した教師と学習者として，親として，そして人間として，我々は継続的に教育カリキュラムを刈り込んで剪定し，進歩という栄養でそれを養うことを子どもたちに託している。我々は，いかに考え，いかに学び，いかに情報を統合して批判的な洞察へとつなげるかを教えてくれるような，明確な学際的構成のあるカリキュラムを概念化しなければならない。この「生きた本」の中で，筆者らは幼稚園から高校まで（K-12）の教育の目標—脳全体，個々の人間全体，そして社会すべてのニーズを包括する目標—に対し新しい見方をする上での分析的，実践的基盤を構築した。「教育の4つの次元」は，伝統的で，あまり適切とは言えない今日のカリキュラムの構造に対し，健全な課題を提示している。本書を，CCRのミッションへ我々すべてが参加し，行動を起こすため，そして地球の未来を作ることに積極的に関わるための呼び声としようではないか。

——クリステン・ライト（Kristen Wright）

シスコ・システムズ

シスコ・リサーチ & オープン・イノベーション，ディレクター

　教育は上から下まで抜本的な改革を必要としている。本書は，カリキュラムから指導法，評価まで，あらゆるレベルでの思考の変化のニーズにしっかり，きっちりと応えてくれる。また，我々がcomputerbasedmath.org で取り組んでいる数学と STEM（科学・技術・工学・数学）の抜本的な改革に必須のレイアウトも提示している。

——コンラッド・ウルフラム（Conrad Wolfram）

ウルフラム・リサーチ・ヨーロッパ

創立者

● 学術団体から

　「教育の4つの次元」は21世紀に向けた個別化した教育のあり方に関する包括的枠組みについて説明している。包括的かつ順応性があり，選択の余地があり，地域のニーズにも対応し，昔ながらの伝統的知識だけではなく，教育のすべての特質をも備えている。世界中の教育者と政策立案者はこうした知識，スキル，

人間性，メタ学習の次元をすぐに運用することを子どもたちと社会に委ねている。

——トッド・ローズ（Todd Rose）

ハーバード大学大学院教育学研究科

精神・脳・教育プログラム・ディレクター

　「教育の４つの次元」は２つの新しい研究をわかりやすいコースに図式化した。
１つ目は，驚くべき新テクノロジーが我々の未来の職業への機会とスキルの需
要を変革させていることを評価するものであり，２つ目は我々の未来の労働力
（我々の子どもたち）に未来で競争力を高め，生き残ることのできるスキルを備
えさせるのに奮闘するものである。これら２つの領域を横断することで，本書は，
分析し，コミュニケーションを図り，関わり合い，適応するよう子どもたちと
市民をエンパワーする賢明で実用的な洞察力を提供している。

——デヴィッド・オーター（David Autor）

マサチューセッツ工科大学

経済学教授，副部長

　今日と（そして明日の）世界で生き抜くために，我々の子どもたちが必要と
するコンピテンシーを非常に思慮深く扱っている。本書は教育者の理解を助け，
我々が直面している重大な選択をナビゲートしてくれるであろう。

——キャロル・ドゥエック（Carol Dweck）

スタンフォード大学

心理学科，ルイス ＆ ヴァージニア・イートン心理学教授

　21世紀において人類が直面している最大の課題は教育であることはおそらく
間違いないが，これほどの思想と分析を与えてくれた組織は CCR をおいて他に
ないだろう。現代においてどの子どもにも必要な知識は何であろうか。教育シ
ステムは何世紀も大きな変化を遂げていないが，現在必要とされる知識，スキル，
人間性は根本的に変化しつつある。私は，未来について関心をもつすべての人
に本書を勧める。この本は洞察力に富み，包括的で，グローバルで，首尾一貫
している。本書は次世代への方向を示す羅針盤なのである。

「教育の4つの次元」への賛辞

——リック・ミラー（Rick Miller）

オーリン工科大学

学長

　急激に変化するテクノロジーは，我々が直面する最大の課題を解決するための絶好の機会を与えてくれるが，同時に物事を処理する旧来のやり方を崩壊させている。「教育の4つの次元」は，急激な変化の中でも乗り遅れず，生き抜くために若者にも大人にも必要な継続性のある教育の枠組みを打ち立てた。

——ロブ・ネイル（Rob Nail）

シンギュラリティ大学

副創立者，最高経営責任者

● 財団，NPO から

　世界中のコミュニティは，子どもたちに対し，自分の可能性を発揮することを可能にする教育にアクセスできることを保証しようとしているが，まず頭に浮かぶ質問は「我々の究極の目的は何か？」ということである。この質問への答えはコミュニティや文化によって異なるが，グローバルな責任感をもつことと，今の子どもたちに世界が何を求めるかを理解することによって，それが見えてくるに違いない。本書は，世界の一流の教育指導者によって見いだされた貴重な宝であり，グローバルな成功に必要な知識，スキル，人間性，メタ学習についての最新の理解を与えてくれる。未来をつくる道へと子どもたちをいざないたい世界中の教育者にとって，とても素晴らしいリソースとなるだろう。

——ウェンディ・コップ（Wendy Kopp）

ティーチ・フォー・オール

最高経営責任者，共同創立者

　「教育の4つの次元」は教育改革と我々がどのように教育を見るべきかについて説得力のあるビジョンを与えてくれる。機知とイノベーションに導かれた世界経済において，成功が教育システムの変革に依存していることはますます明らかになってきている。本書は，幼稚園から高校まで（K-12）の教育の基盤，

高等教育入学への必須要件，未来の労働力の可能性とあり方に至るまで，すべ
ての段階での教育システムの成功が何を意味するかについて，我々に再定義を
迫っている。
──マット・ウィリアムズ（Matt Williams）
ナレッジ・ワークス財団
ポリシー＆アドボカシー，副会長

「教育の4つの次元」はファデル博士とトリリング博士の最初の書籍『21世
紀型スキル』（*21st Century Skills*）に基づき，世界中で教育変革が必要な理
由について，また，未来における教育のあり方について，説得力のある最新の
見解を与えてくれる。よりわかりやすく言うならば，彼らは21世紀の学習者が
成功するには何が必要かを明言してくれている。我々のすべてが読むべき書籍
である。
──ヘレン・ソウル博士（Dr. Helen Soule）
パートナーシップ・フォー・21センチュリー・ラーニング
P21 常務取締役

影響力があり，説得力のあるこの新しい本においてCCRが示した，教育の未
来に関する膨大な研究の精製に拍手を送りたい。「教育の4つの次元」は，変革
することで自分の所属機関を前進させることに関心があるすべての教師やグロ
ーバルな視野をもつ指導者が読むべき書である。同様に，21世紀の教育に関心
のある親も本書を読むべきである。　　──ヘザー・ホール（Heather Hoerle）
中等教育学校入試委員会
常務取締役

「教育の4つの次元」を読んで，また，急激に変化しつつある世界によりふさ
わしい形に教育を変えるというその焦点から，1939年に書かれた『剣歯カリ
キュラム』（*the Saber Tooth Curriculum*）というハロルド・ベンジャミン
(Harold Benjamin)の時代を超えた風刺文学を思い出した。その本は，剣歯虎(サ
ーベルタイガー)は絶滅したと言われているにもかかわらず，「剣歯虎を火で脅
す」ことがいまだにカリキュラムの一部となっている有史以前の社会をフィク
ションとして描いた。21世紀への急速な前進とその加速度的な変化のペース

は，その大部分が 20 世紀の学習者によって進められてきた。そうした人たちは，どういうわけか，適応的で，知識に富み，多能で，協働的で，共感的になることを学んでいる。それは時に正規の学校教育の枠組みによるものだが，ほとんどの場合，学校の外で学んだものだ。ようするに，彼らはカリキュラムを絶滅に追いやったのである。成功に適合し，成功を反映するダイナミックな学びの枠組みを立案することで，「教育の 4 つの次元」は生涯学習や教育改革への触媒となりうるだろう。我々の未来の世代の質は，成功にかかっているのである。

──デヴィッド・F・クルーン博士（David F. Clune Ph. D）

エジュケーショナル・レコード・ビューロー（ERB）

局長，最高責任者

　我々の今の環境では，教育の新しいモデルの必要性が叫ばれている。本書はそうした教育の新しいモデルを提示しており，21 世紀の暮らしと仕事の課題へ子どもたちを備えさせようとする人々の手にあって，その強力な道具となるであろう。

──ケン・ケイ（Ken Kay）とヴァレリー・グリーンヒル（Valerie Greenhill）

EdLeader21 共同創立者，

「21 世紀の教育への指導者のためのガイド：学校と学区への 7 つのステップ」

共同執筆者

献辞・御礼

チャールズ・ファデルより

充実した人生を送りたいと切望している数え切れないほど多くの皆様。

あなた方は私の内なる意欲の源です。感謝いたします。

（アルファベット順に）アリン，キャロル，ナタリーへ。あなたたちの愛情に感謝し，私の愛を捧げます。

（アルファベット順に）ジョン・アベル，ランダ・グロブ-ザッカリー，アンリ・モーザー，アッティリオ・オリヴァへ。あなた方の信頼，思いやりのあるご指導に感謝いたします。

素晴らしい共著者の皆様へ。あなたたちの忍耐と専門家としてのさまざまな貢献に感謝いたします。

そして学習者の力を高めることで可能になる人類の持続可能性に！

マヤ・ビアリックより

幼少期の時間を公教育制度において費やした世界中の数多くの生徒たちへ。

本書はあなた方が学校で過ごした経験をよりよいものにするでしょう。

私の父へ。生涯を通じて，可能な限り最高の教育機会を私に与え，また，たくさんの時間，1対1で根気強く教えてくれました。そして，あらゆる瞬間を学びの機会に変えてくれ，私の成長，向上のための決定をいつも支えてくれました。

私の妹へ。私の最初の教育実験の参加者となってくれた，私の双子の妹。ほんとうにすごい人。

バーニー・トリリングより

学ぶことの喜びへ。小さなきらめきの数々を生涯にわたる冒険へと発展させてくれたすべての人々へ。夢が実現するのを支援してくださったことに感謝します。そして，私たちすべてにとって，世界をほんの少し幸せな場所にしてくれたことに感謝します。

最後に私たち著者一同から，次のすべての方々に，本書とCCRの業務へ洞察，アイディアを提供し，貢献してくださったことに感謝いたします。

（苗字のアルファベット順に）

ジョン・アベレ，ピーター・ビショップ，ミシェル・ブルーニグス，ジェニファー・チドセイ，ジリアン・ダーウィッシュ，ケリ・フェーサー，デヴィン・フィドラー，カート・フィッシャー，ジェニファー・グロフ，エレン・ハムブルック，ダン・ホフマン，マイケラ・ホーヴァソヴァ，ミラ・ラルディン，クリスティン・リー，サエ・ユン・リー，ダグ・リンチ，トニー・マッケイ，リエル・ミラー，リック・ミラー，マルコ・モラレス，ピーター・ニルソン，メリッサ・パンチャック，イグナシオ・ペーニャ，ロバート・プロトキン，ディディエ・ラバウド，トッド・ローズ，コートニー・ロス，アンドレアス・シュライヒャー，ダーク・ヴァン・ダム，イージャ・ヴィティカ，ジム・ウィン，その他多くの方々，特に「賛辞」の部の書評者の皆様と，OECDのEducation 2030チームの皆様に感謝いたします。

編訳者はしがき

　現代は，工業から情報産業への産業構造の変化やグローバル化の影響により，急激な変化の時代を迎えている。それにもかかわらず，教育は産業革命以来大きな変革がなく，今の時代に必要な能力を身につけた若者を社会に送り出すことに失敗していると言われている。今の子どもたちが現代の新しい知識を学校で身につけたとしても，彼らが社会に出た時には社会が変化してしまっており，その知識が有効である保証はどこにもない。

　それでは今の子どもたちは何を学べばよいのか。それについて書かれたのが本書である。本書は，カリキュラム・リデザイン・センター（the Center for Curriculum Redesign）会長である Charles Fadel 氏らの 2015 年の著作 *"FOUR-DIMENSIONAL EDUCATION: THE COMPETENCIES LEARNERS NEED TO SUCCEED"* を翻訳したものであり，現代に必要な新しい学力観の枠組みを，教員，教育行政，教育研究者など世界中のすべての教育関係者に提案するものである。

　近年，OECD のキー・コンピテンシー，ATC21S の 21 世紀型スキル，国立教育政策研究所の 21 世紀型能力のように，多くの国際的な研究チームが新しい学力観の枠組みを模索しているが，Fadel 氏は，こうした資質・能力の育成において，知識だけではなく，スキル（skills）や人間性（character），メタ学習（meta-learning）といった他の次元を関連させることの重要性を主張する。その枠組みはすでに世界や日本に影響を与え始めている。OECD は現在 Education 2030 事業においてキー・コンピテンシーに変わる新しい枠組みの検討を始めているが，Fadel 氏らの枠組みも重要な先行事例として活用されている。また日本の中央教育審議会の教育課程企画特別部会が 2015 年に示した論点整理の中で説明されている「育成すべき資質・能力の 3 つの柱」と Fadel 氏の考えは対応しており，日本の新しい学力観の議論にも影響を与えていると考えてよいだろう。

　本書の目的は日本の読者の方に新しい学力観について考えていただき，それ

を教育実践や研究に役立てていただくことである。2016年6月現在，日本では学習指導要領の改訂作業の中で新しい学力観が検討されているが，そのような学力観が今なぜ必要なのかが理解されることなしに広まってしまうことへの危機感が我々にはある。国際的な教育改革の流れの背後にどのような動きがあったのか，アクティブ・ラーニングに代表される新しい学びがなぜ今注目されるようになったのか，教育に関わる人間はそれらをきちんと理解した上で教育の問題に取り組むべきであろう。本書にはそれが詳しく説明されており，一読することで読者にわかるようになっている。

　アクティブ・ラーニングに代表される新しい学力観に基づく学習は日本ではすでに行われているという声を最近よく聞く。確かにFadel氏の学力観も日本にとってまったく新しい考え方というわけではない。従来の日本の教育でも，教科の知識だけではなく，思考力・判断力・表現力の育成や豊かな人間性の涵養，そしてメタ学習を取り入れた実践も当然行われてきた。しかしそれらの資質・能力の育成は，教師が授業や学級経営で暗黙的に大切にしてはいても，必ずしも授業目標として明示され，すべての教科等で意図的に指導に組み込まれてきたわけではない。また主体的・協働的な学習も，教科の知識を深めるためだけの手段として用いられる場合も多い。これに対し本書では，批判的思考力，協働性，コミュニケーション能力，創造性などの汎用的スキルやマインドフルネス，好奇心，勇気，レジリエンス，倫理，リーダーシップなどの人間性を，知識を獲得する過程で同時に学習する必要があると論じている。今後は知識，スキル，人間性，メタ学習といった4つの次元を関連させながら，それらを同時に育てる授業を考えていくことが求められるようになるだろう。「もうすでに日本では行われている」という声で思考を停止するのではなく，子どもを全体論的にとらえ，4つの次元のコンピテンシーを育てる新しい教育研究や授業作りにさらに取り組むべきである。本書が，読者にとってそのきっかけとなれば幸いである。

　また本書では巻末に解説を付記した。この解説では，具体的にFadel氏の考えがどのように日本に影響を与えたのか，今後我々はどのように教育を考えていくべきなのかについて説明している。編訳者らが勤務する東京学芸大学では，現在，次世代教育研究推進機構（NGE）の研究プロジェクトとしてこの問題

に取り組んでいる。本機構は，「日本・OECD 共同イニシアチブ・プロジェクト『新たな教育モデル 2030』」の一環として，OECD，文部科学省，OECD 日本イノベーション教育ネットワーク（事務局：東京大学）などと連携し，新たな教育モデルの開発を目指して研究を行っている。本プロジェクトについても読者に関心をもっていただき，今後の研究成果に注目していただければ幸いである。

平成 28 年 6 月

編訳者を代表して　細川太輔

もくじ

「教育の４つの次元」への賛辞 ……………………………………… iii

編訳者はしがき ……………………………………………………… xi

プロローグ―教育についての"何を"を再考するのはなぜ重要か ……… 1

はじめに ……………………………………………………………… 5

Chapter 1　変わりゆく世界に向けた教育の再設計 ……………… 9

世界の動向と課題　　9

持続可能性　　10
VUCA と価値観　　14
指数関数的な進歩と未来の予測　　15
テクノロジーが社会に与える影響　　18
テクノロジー，自動化，外部委託と仕事　　20
テクノロジーと教育のレース　　26

Chapter 2　21 世紀の教育目標 …………………………………… 29

教育目標の本質と進化　　29

社会の目標　　31
教育の目標　　34
教育は進化しているか？　　37

21 世紀型カリキュラムの鍵となる特質　　39

適応力　　40
バランス　　42

教育目標の統一的枠組み　　46

なぜ新しい教育の枠組みが必要なのか？　　47
変化に関する我々の理論　　50
CCR の進め方　　53

知識を越えて：21 世紀コンピテンシーの枠組み　　59

Chapter 3　知識の次元 ……………………………………………… 67

知識―伝統的なものと現代的なもの　　67

伝統的知識に関する学問マップの進化　　67
伝統的学問分野を適切性の観点から吟味・整理する　　71
価値の３側面　　77

xiv

もくじ

現代的（学際的）な知識　79
　寿命の延長　80
　つながる人々，つながる組織，つながる惑星　80
　スマート機器・システムの台頭　81
　ビッグデータと新しいメディア　82
　環境へのストレスと需要　83
　強化された人間　84
テーマ　87
　グローバルリテラシー　87
　情報リテラシー　87
　システム思考　89
　デザイン思考　90
　環境リテラシー　92
　デジタルリテラシー　92
CCR の知識の枠組みのまとめ　93

Chapter 4　スキルの次元 ……………………………………… 97

知識とスキルをともに　98
スキルと教育・雇用ギャップ　99
　創造性　101
　批判的思考　105
　コミュニケーション　107
　協働　108
学びの応用　109

Chapter 5　人間性の次元 ……………………………………… 113

なぜ人間性特徴を育成するのか？　113
人間性教育の目的　115
6つの人間性特徴　116
　マインドフルネス　119
　好奇心　121
　勇気　123
　レジリエンス　124
　倫理　126
　リーダーシップ　127

Chapter 6　メタ学習の次元 …………………………………… 133

メタ認知 ―学習の目標，方略，結果について省察する　134
成長的思考態度を身につける　137
メタ学習の大切さ　140

Chapter 7 "どのように"について簡潔にふれる ················· 143
　"何を"と"どのように"の間にあるフィードバック・ループ　143
　テクノロジーとの相互作用　144

Chapter 8 結　論 ·· 149
　教育，根拠，アクション　149
　社会的なメタ学習　151

Appendix ·· 153
　用語の論拠　153
　CCRとは　155
　CCRの評価研究コンソーシアム　157

解説─本書が示す教育のあり方と新たな教育の動向 ········· 159

Index ··· 169

著者について ·· 173

プロローグ

教育についての"何を"を再考するのはなぜ重要か

アンドレアス・シュライヒャー (Andreas Schleicher)
OECD (経済協力開発機構) 教育・スキル局長

　学習者とそれを支える教育システムに対する要求は急速に変化してきている。これまで教育の目的は，人々に何かを伝達することであった。それが，今日の教育では，世界がますます不確実（uncertain），不安定（volatile），曖昧（ambiguous）になってきている中で，自分自身の道をうまく見つけるために，信頼できるコンパスとナビゲーションのスキルを伸ばすことが目的になってきている。最近の世界では，もはや物事がどのように進展していくのかを正確に知ることができなくなっている。すると，予想外の状況に出会ったり，並外れた能力の人から学ぶ必要が生じたり，そのような学習の途中でミスを犯したりということが起こってくる。だが，このようなミスや失敗をきちんと理解できたときにこそ，学びや成長という営みを生みだすことができるのである。一世代前まで，教師は自分が教えた内容を子どもたちが一生使うことができると期待できていた。しかし今日では，学校は，子どもたちに対して，経済や社会のかつてないほど急速な変化や，まだ存在しない職業への対応に備えさせることが求められているし，さらには，まだ発明されていないテクノロジーの活用や予期せぬ社会問題の解決に備えさせる必要も出てきているのである。

　では，今日のことはさておき，明日に向けて，予測不能な課題を乗り越えることができる学習者，すなわち意欲の強さと情熱とを発揮できる人材を我々はどのように育てればよいのであろうか？　このことを考える上で，教育者にとってジレンマなのは，最も教えやすく，最もテストしやすいスキルというの

は，最もデジタル化，自動化，外部委託に移行しやすいスキルでもあるという事実である。その一方，ある学問分野における最先端知識が，今後も重要であり続けることは疑いようもない。革新的，創造的な人たちは，一般的に，ある知識領域や実践の中で，専門的なスキルをもっているものである。また，学び方について学ぶスキルが重要であることと同じく，何かを学ぶという活動自体もまた重要であり続ける。教育に成功するとは，もはや内容知識（content knowledge）を再生産できることにあるのではなく，既知の知識を使って的確に外挿できること，さらには，知識を新しい状況で的確に適用できるようになることである。簡単に言えば，もはやただ知っているというだけでは賞賛されない。検索エンジンはすべてを知っているのである。そのかわりに，知識をどう活用するか，知識をもとに世の中でどうふるまうか，どう適応できるかが賞賛されるのである。そして，今日では，こうした力をもっているか否かが今後を左右する大きな要因となるので，教育は，創造性（creativity），批判的思考（critical thinking），コミュニケーション（communication），協働性（collaboration）の育成をますます進めていかなければならないし，新しいテクノロジーの可能性をとらえたり追求したりすることに関わるような現代的知識（modern knowledge）も取り扱わなければならない。そして，忘れてならないのは，人々が満ち足りた生活を送り，共に働き，持続可能な人間社会を作り上げるための人間性特徴（character qualities）の育成も進めなければならないことである。

さまざまな問題に対するこれまでのアプローチでは，まず問題を扱いやすい要素に分解して，それから，それらを解決するテクニックを子どもたちに教えることであった。しかし今日では，まったく異なる要素を統合して新たな価値を創造していくというアプローチになってきている。そして，このことこそが，好奇心（curiosity），新たな考えの受容（open-mindedness），無関係と思われていた概念の結合などにつながっていくのであり，そのためには，自身が専門としている分野だけではなく，他の分野の知識にも精通し，それを受け入れることが求められているのである。もし生涯を単一の学問分野のサイロの中で過ごすようならば，新たな創造をもたらすための，要素同士を結びつける想像力に富むスキルを身につけるのは難しいであろう。

また，現在の世界では，もはや人をスペシャリスト（specialist）とゼネラリスト（generalist）に分けるのは適切でなくなっている。スペシャリストは，奥深いスキルをもつが視野が狭く，同業者には認められるが領域外では評価されないタイプの専門知識をもっている。一方，ゼネラリストは，広い視野こそもっているものの，身につけているスキルは浅い。現在，ますますその価値を高めているのは「多能な人」（バーサタイリスト，versatilists）である。多能な人とは，新しいコンピテンシー（competencies）を獲得したり，人間関係を構築したり，新しい役割を引き受けたりしながら，奥深いスキルを広範な状況や経験に対し広く適用していくことができる人のことである。そうした人は，常に適応し，学び，成長し続けることができ，急速に変化する世界の中で自分の立ち位置を確保し，また，それを柔軟に変える力をもっている。

　大事な点であるが，現在の学校では，子どもたちはそれぞれ個人で学習を進め，就学期間が終わると，個としての達成の程度が認定される。しかし，世界が相互依存を深めれば深めるほど，我々は，生活や仕事，市民活動において他者同士を結びつける力をもつ協働の実践者や組織作りにたけた人を頼るようになってくる。イノベーション（innovation）にしても，現在では個人が個別に行った仕事の成果であることは稀であり，知識を結集し，共有し，関連づけた活動の成果であることが多い。この世界では，多くの人が多様な文化の人々と協働し，異なるものの見方や考え方，価値観を理解することが求められるようになってきている。また，違いを乗り越えて信頼し合い，協働する術も求められているし，国境をまたぐ問題が生活に影響を及ぼすようになってきている。だからこそ，学校はそうしたことに向けて子どもたちを準備させなければならない。言い換えれば，学校には，伝統的知識（traditinal knowledge）が急速に価値を下げつつある世界から，伝統的知識と現代的知識の融合，スキル，人間性特徴，そして自己主導型学習[★0.1]（self-directed learning）を基礎とした深いコンピテンシーがますます重視される世界へと移行することが求められているのである。

　世界中の多くの学校で，教師と学校管理者は，学習者の知識，スキル，人間

訳注　★0.1：教えられる存在としてではなく，学習ニーズの把握や適切な学習方法の実施・評価などを学習者自らが決めていく学びのこと。

性といったコンピテンシーを高めるために懸命に働いている。しかし，現状では，誰もが知っているように，今の混み合った学校カリキュラムの中に新しい教育内容を入れようとすると，多くの壁が立ちはだかる。その結果，広くて浅く，内容が多すぎる割に，断片的にしか適切でないカリキュラムが今日の教室を支配しており，そのために充実したコンピテンシーの育成や教育学の先端的成果の活用が制限されてしまっているのである。

　現代の世界の求めに基づいて学校カリキュラムを再構築することはとても難しい。その根本的な原因は，我々がコンピテンシーに優先順位をつけたり，さまざまな発達の段階で何を学ぶべきかの議論を整理したりするのに役立つ“枠組み”（framework）が整備されていないからである。**本書，すなわち「教育の４つの次元」は，21世紀に必要とされるコンピテンシーの枠組みを，明確で実施可能，そしてこれまでになく体系化された形で提示している。本書が革新的なのは，人々が学ばなければならないことの包括的リストを従来のものに上乗せして提示しているからではない。むしろ，その革新性は，教育者，カリキュラム作成者，政策決定者，そして学習者に対し，それぞれの文脈，そして未来を踏まえた形で，何が学習されるべきかを決めるための余地があることをはっきりと定めているところにある。**OECDは，「2030年の教育」（Education 2030）プロジェクトをCCRによるこの基礎的な事業と協働して進めていく予定である。OECDは現在，カリキュラム構造の国際比較分析を詳細に行うことによって，新しいコンピテンシーの枠組みを開発している。この枠組みは，OECDの国際的な凝集力を活用し，国際社会のさまざまなステークホルダーとともに双方向的にテストし，改善し，そして妥当性を確認していく予定である。

はじめに

> 問題を生みだしたときと同じ考え方では，その問題を解決することはできない。
> ——アルベルト・アインシュタイン（Albert Einstein）

　教育—本書では公の学校教育に言及する—は，あらゆる国のあらゆる国民の育成に基本的な要素である。教育とは子どもたちに対し，この世界で成功するための準備をさせることを意味し，また社会を進歩させる強力な道具になる可能性も秘めている。教育は，うまく設計されれば，より幸福でより活力にあふれた個人と，より平和で持続可能な社会をもたらすことができる。その社会は，さらなる経済発展と公正さを兼ね備え，そこに暮らす人々は心身の幸福（well-being）のあらゆる面で満たされていることだろう。

　教育に関するこれらの高い目標を達成するために，我々は，世界レベルで何をすればよいのだろうか？

　それを直接推し測るのは難しいが，いくつかのヒントが存在する。それは，経済的不平等が進み，教育が雇用と結びついておらず，暴力が世界中で続いていることである。さらに悪いことに世界は加速度的に変化している。我々は現在，国際的な人口移動，家族構造の変容，集団の多様性の拡大，国際化とそれによる経済競争力や社会的つながりへの影響，新しい職業やキャリア，テクノロジーの急速で切れ目ない進歩とその利用の増加といった，広範囲にわたる劇的な変化を目の当たりにしている。また，技術の進歩が急激なペースで起こ

っており，それが，しばしば既存の社会問題を悪化させている。言いかえれば，現在の教育がその設計に際し目標としていた世界は，もはや存在しないのである。だからといって，今すぐに新たな世界のために教育システムを再設計するとしても，今の小学1年生が高校を卒業する頃には，それはところどころ時代遅れになっているだろう。では，我々には何ができるのか。我々は，この変化を避けられない状態を念頭においてカリキュラムを再設計しなければならない。そして，子どもたちを適応力（adaptable）がある，多能（versatile）な人間に育てていかなければならないのである。

　これはチャンスである。人類は，省察し，適応し，先を見越して行動することで，自らが望む未来を作りあげることができる。多くの教育プログラムは，"どのように"教育を実行するかを改善することに焦点を当てている。このこと自体は意義のある重要な目標である。しかし，ここで我々は問う。我々は本当に正しいものを教え，テストしているのだろうか？　子どもたちは21世紀に向けた準備のために，"何を"学ばなければならないのだろうか？

　本書において，カリキュラム・リデザイン・センター（the Center for Curriculum Redesign: CCR）は，この問題のための枠組み（framework）の探究を行う。それにより，カリキュラムは現在の世界に追いつき，不確かな未来の中でもその立ち位置を確保できるようになるだろう。その枠組みとは，知識（knowledge，何を知り，何を理解しているか），スキル（skills，知識をどのように使うか），人間性[0.2]（character，どのようにふるまい，世界とどのように関わるか），そしてメタ学習（meta-learning，どのように自分自身をふり返るか，自らの目標に向け学びや成長を続けようとするか）に焦点を当てたものである。

　本書は，教師，部門長，学校長，管理職，政策担当者，指導要領作成者，カリキュラム及び評価の開発者，その他の思想的リーダーや影響力のある人物など，我々が直面するニーズや課題を深く理解し，革新的な解決策を考案しようとする人々に向けて書かれたものである。

訳注　★0.2：characterの訳語としては「人格」「性格」なども考えられるが，その育成は我が国の学習指導要領がねらいとする「豊かな人間性」の育成に近いものと考え，本書では「人間性」を当てた。

読者に向けた特記

　本書は生きた，適応的な書籍である。すなわち，我々が効果的な教育について より多くを学んだり，世界が変わり続けたりするのにともなって進化していく。

　この進化の反映を読者に提供するために，我々は電子版書籍の配信にソフトウェア・モデルを使っている。登録された購入者はそれぞれ5割引きの価格で後の改訂版を購入することができる。[★0.3]改訂版は我々の枠組みに重要な変更がなされた際に出版される。

　電子版書籍の最新版割引登録は以下からお願いしたい。

http://curriculumredesign.org

訳注　★0.3：原書の話であり，その翻訳書である本書には当てはまらない。

未来はかつてのような未来ではない。　　　　　　——ヨギ・ベラ（Yogi Berra）

世界の動向と課題

　我々は個人として，また社会として，世界に貢献するために何ができるのだろうか。より良い未来に向けた目標がどのようなものかについては，広く合意が得られるだろう。それは，今以上に平和で持続可能な社会であり，個人として満たされた人々で構成された，各自の能力を最大限に活用できる社会である。これらの目標の達成は多くの道筋から考えることができる。たとえば，高いレベルでの社会参加，個人の健康と心身の幸福（well-being），良質な仕事の雇用，経済生産性，生態系の持続可能性などである。

　子どもたちを教育することは，理論的には，未来の世界に適合するための準備をさせ，世界をより良くするためにアクティブに働くことのできる力をつけることをいう。にもかかわらず，科学的な研究，労働者調査，世論，そして教育者自身からも，世界の教育システムがこの約束を十分に果たしていないことを示すデータが多く提示されている（詳細は後述）。すなわち子どもたちは多くの場合，未来の世界はもちろん，今の世界に対しても成功のための十分な準備ができていないのである。

その理由の1つは，世界が劇的に変化し続ける中で，教育がこれらの変化がもたらす要求を満たすように迅速に対応できていないことがあげられる。（当時で言う）現代的教育システムの最初の青写真が作られた産業革命時の課題と機会は，今日のものとはまったく異なっているし，今の課題はインターネット普及前の何十年か前の課題とさえ異なっている。電子的に過度につながり合ったこの世界では，まったく新しい形や規模の隠れた問題が現れてきている。

　2008年の世界的な景気後退のような最近の出来事の中に，こうした新たな問題を見いだすことができる。かつては，ある国の一部の銀行が困難に陥ったとしても，それぞれに個別の影響ですんでいた。しかし今や，システムの一部に障害が発生した場合，悪影響は複雑な経済システム全体に伝播し，世界的に大きな問題を引き起こす。今日，社会システムは巨大なコミュニケーションの世界とつながっており，広範囲にわたる世界的な混乱に対してとても脆弱である。つまり社会システムは巨大化し，壊れやすくなっているのである。それに加えて我々は，人口過剰，過剰消費，そしてそれによる気候や資源への影響と経済成長への希望や期待のバランスをとるのに悪戦苦闘している。

　世界経済フォーラム（the World Economic Forum）は，経済学，地政学，社会学，応用科学，環境科学などの分野の専門家をビジネス界，学界，NGOや各国政府から招聘し，最新の世界の動向（trends）と喫緊の課題（challenges）をまとめている。彼らは，所得格差の拡大と社会不安のリスクの増加の関係のように，重要なつながりを強調して表示し，こうしたさまざまな動向が相互に結びついた様子をグラフ化している（図1.1を参照）。

　これらの動向とリスクは，50年前には予測していなかったものであり，これからも予測できない形で相互に作用し，進化し続けていくと思われる。その一方で子どもたちは，この世界の課題に向き合う準備をすることもなく，これまでと同じカリキュラムで学び続けているのである。

持続可能性

　人間が環境に与える影響の規模が増大したのは比較的最近のことである。歴

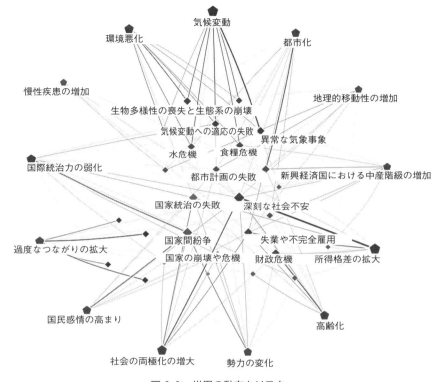

図 1.1　世界の動向とリスク

出典：The World Economic Forum
注：この図は世界の動向（グレーの五角形）[3]とリスク（カラーのダイヤモンド。経済的リスクは青，環境リスクは緑，地政学リスクはオレンジ，社会的リスクは赤，技術リスクは紫である）の相互作用を強調したものである。ダイヤ型の結び目の大きさは，そのリスクの影響力および可能性の程度を表す。

史的に言えば，世界の人口はついにこの間，持続不可能なほどに激増した[4]。

我々はグローバルに関連し合い，生命維持のネットワークの上で互いに依存しあっているので，人口爆発は大きな影響をもたらす。社会は消費と競争の網に絡め取られており，我々は生き残るために必要な資源を急速に使い果たそうとしている。

世界レベルでみると，現在我々が1年に使用する平均的な資源の量は，地球が約 1.5 年かけて生産する量に相当する[5]。ある国のライフスタイルと消費度に

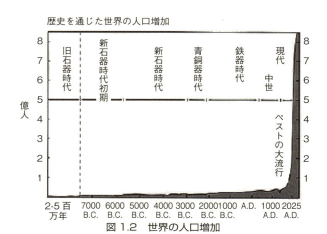

図1.2 世界の人口増加
出典：Population Reference Bureau

ついて言うと，もし地球上のすべての人々がその割合で資源を消費した場合，そのレベルの資源利用を支えるために必要とされる土地は，全人類を支えるのに必要な地球の数に置き換えることができる（図1.3を参照）[6]。

　多くの科学者によれば，我々はすでに人類絶滅を引き起こせるほどに環境を変化させてしまったという。小さな規模ではあるが，歴史上，似たような滅亡の例がたくさんある。たとえば，イースター島の部族は互いに激しく競い合った末に（象徴的な巨像の建造競争を含む），島で利用可能なすべての資源を使い果たし，文明崩壊に至った。

　進化生物学者ジャレド・ダイアモンド（Jared Diamond）によると，イースター島の文明と今日の世界の没落との間には"ぞっとさせられるくらい明白な"類似点がある。ダイアモンドの著書『文明崩壊』(*Collapse*) は，消滅したいくつかの文明の経過をたどり，それらの文明の間の，そして現在のグローバルな文明との類似点を示している。その中に次のような記述がある。

　　我々は，この持続不可能な道を急速に歩んでいる。このため，世界の環境問題は，現代を生きる子どもや若者が存命中に何らかの形で解決してしまうだろう。唯一わからないことは，それが，我々自身が選択する喜ばしい方法によるものか，または戦争，虐殺，飢餓，疾病の流行，社会の崩壊といった我々自身

Chapter 1 変わりゆく世界に向けた教育の再設計

もし世界中の人が…のように生活したならば
70億の人間がこれらの国の人々のように暮らすには，どれほどの土地が必要か？

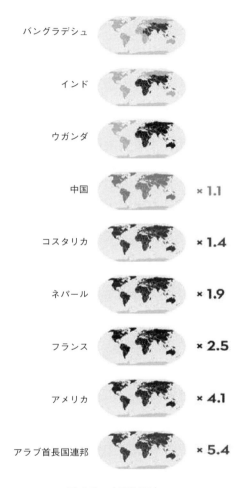

図 1.3　人口と国土

出典：Global Footprint Network, http://www.footprintnetwork.org

が選択しない喜ばしくない方法によるものかどうかである。[7]

　人類の存続は，我々に学問分野や政治的な断絶を超えて知識を行動に移す能力があるかどうかにかかっている。教育は人類存続のための強力なツールとなり得るが，これらの課題に対処するためのコンピテンシー（competencies）は，現在，一貫した形で効果的に教えられているわけではない。

VUCAと価値観

　VUCA，未来の様子を描写したこの頭字語は，不安定さ（Volatility），不確実性（Uncertainty），複雑さ（Complexity），そして曖昧さ（Ambiguity）の4つで構成されたものである。頭字語VUCAは軍事関係で1990年代後半に使われ始め，その後，非営利法人から教育機関，政府のシステムまで，さまざまな組織での戦略的リーダーシップのアイディアに影響を与えてきた。一般的にこの言葉は，我々の世界がますます予測困難で統制不能になりつつあることを警告するものである。

　未来がどうなるかは，ある部分では，我々の価値観にかかっている。消費主義と物質主義の傾向は，長期的に見れば持続不可能であるが，それはかなりの程度，社会的，文化的に決められたものであり，それゆえに文化における価値観を変化させることで変えることができる。ある文化が，対立と寛容，個人主義と社会の結束，物質主義と深い意味の追究といったさまざまな価値観の連続体のどのあたりに位置づくかもまた，社会の価値観で決められる。最近では，持続可能な社会や個人の自己実現を志向した今までと違う価値観のことをみなが考慮するようになってきた。このことから，現在我々は，今の価値観が導く方向から生じる必要や不安に基づくプッシュ要因（pushes）と，新しい価値観に基づく，より良い社会システムへの希求からのプル要因（pulls）の両方の影響を受けている（表1.1参照）。

　これらのプッシュ要因とプル要因から生じる価値体系は，守りに入った抑制的な態度をとらせるものではなく，むしろ意欲的で，心を鼓舞するような目標を含んでいる。現代の暮らしに貢献しようという強い力を感じることで，周囲の変化に単に衝動的に反応するのではなく，意思やデザインする思考態

Chapter 1 変わりゆく世界に向けた教育の再設計

表 1.1 プッシュ要因とプル要因

プッシュ要因	プル要因
未来についての不安	安全の保障と社会的結束
政策調整が危機を十分回避できないことへの懸念	他者，自然，そして未来に対し個人として責任を取るという倫理
自由と選択を喪失することへの恐怖	地域社会や政治的，文化的な生活への積極的な参加
有力な文化からの疎外	個人的な意味と目標の追求
ストレスの多いライフスタイル	個人的な情熱と自然とのより強いつながりのための時間

出典：P. Raskin et.al., *The Great Transition: The Promise and Lure of Times Ahead*
(Boston, MA: Stockholm Environment Institute, 2002).

度（design mindset）をもった主体として行動することができる。この主体性
（agency）は，世界を変えるために必要なものであり，効果的な 21 世紀の教
育に反映する必要があるものである。

指数関数的な進歩と未来の予測

予測することは難しい。未来のことならなおさら。

——マーク・トウェイン（Mark Twain）

　線型の思考に慣れた人間の心にとって，指数関数的な変化は理解しにくい概
念である。ある地域の王がクリシュナ神にチェスの試合で挑戦したインドの伝
説を考えてみよう。彼らは最初のマスに米一粒を賭け，その後，マスを進める
ごとに米の量を倍増させることを決めた。ゲームに負けて，王は合意に従い米
の手配を始めたが，すぐに約束を守れないことに気がついた。米 1 粒はさほど
の量ではないし，倍増することもあまり多くないように思える。しかし，その増
加は急激である。第 20 マスを進めるまでに，王は 100 万の米粒，そして，次は
200 万の米粒を蓄えなければならず，最後のマスまでに 100 兆以上もの米粒にな
ってしまった。これはなんと，現在の世界の米生産量の 1,000 倍以上に相当する。
　コンピュータと通信技術は，同様の形で成長している。トランジスタ回路に
関して，その進歩が指数関数的に起こることを示す有名な法則がある。それは
ムーアの法則（Moore's Law）である。ムーアの法則は，トランジスタの密度
が 1.5 ～ 2 年ごとに倍になり，計算速度と記憶容量がそれにともなう形で増大

15

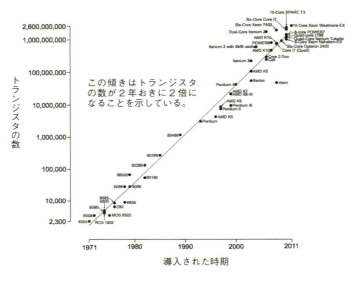

図 1.4　ムーアの法則

出典：Wikimedia Commons，
　　　https://commons.wikimedia.org/wiki/File:Transistor_Count_and_Moore%27s_Law_-_2011.
　　　svg#/media/File:Transistor_Count_and_Moore%27s_Law_-_2011.svg．

していくことを主張している．

　その結果，今日我々は，インターネットによる大規模なコミュニケーションの革命を経験している．これは，世界の人口の相当数がアクセス可能な，真にグローバルで双方向的，社会的な初めての通信手段である．アイディア，画像，音声が産業や文化を崩壊させながら，光の速度で世界中をかけめぐっている．ラジオで 38 年，テレビで 13 年を要した 5,000 万人の視聴者数は，インターネットでは 4 年，Facebook ではたった 2 年で到達してしまった．今日の技術の変化のスピードは数年前のそれよりもはるかに速い．革新的なテクノロジーは指数関数的な割合で使われるようになり，その広がり方はこれまでの文明のいかなる時よりも広く，早い．

　一般に，過去からの推定によって未来の予測を行うが，これは誤りを導くことが多い．2004 年に最も売れていた携帯電話は，単一機能の携帯電話 Nokia

2600であった。当時,携帯電話はサイズこそどんどん小さくなるが,他に大きな変化はないと予想されていた。しかし,そのわずか3年後,最初のiPhoneが登場し,携帯電話のデザインや使い方が大きく変わり,スマートフォンとなった。現在の"電話"は古いNokiaよりもかなり大きいし,ボタンもほとんどついていない。そしてそれは,生活のあらゆる面と関連したアプリのエコシステムの中に存在している。

変化が当時の動向と不連続だったので,2004年の動向からこうした変化を予測することはきわめて難しかったであろう。同様に,教育について現在我々が予想していることにも間違った部分があるだろう。将来の教育目標,スタンダード,カリキュラムの策定に際し,最近の動向をもとにした今の予測をあてにすべきでない。むしろ,この予測不能な世界がどのように変化してもその中で成功できるよう,子どもたちを多能(versatile)に育てていくことができる柔軟なガイドラインを作成する必要がある。

雇用者の視点から多能性(versatility)を簡潔に表現したものとして,深さと幅の両方で有能な人間を図案化したIBMのT字型人間(T-shaped individual)[8]があげられる。一方,個々の人生の中で複数の専門性を伸ばすことも期待されるが,それはM字型人間(M-shaped individual)と呼ばれる。

遠い未来の重要な技術革新を予測することはきわめて困難であるが,さまざまな組織が近い未来の大きな傾向について,情報に基づく予測を試みている。

図1.5 T字型人間
出典:Jim Spohrer, IBM

表 1.2　動向の比較
　　　出典：CCR

KnowledgeWorks 財団 （2020 年の予測）[9]	世界未来学会（次の 20 ～ 30 年間におけるブレークスルー・トップ 10）	マッキンゼー・グローバル研究所（経済に革新的な影響を与えるテクノロジー・トップ 12）[10]
人間の寿命の延長	―	次世代ゲノミクス
つながる人々，つながる組織，つながる惑星	世界的なインターネットアクセス ヴァーチャル教育	モバイルインターネット
スマート機器・システムの台頭	量子コンピュータ ナノテクノロジー スマートロボット	知識と作業の自動化 ロボット工学の進歩 自動運転車 部品の 3D プリンティング 先進的な材料
ビッグデータと新しいメディア	オンデマンドのエンターテイメント	モノのインターネット化（IoT） クラウドテクノロジー
環境へのストレスと需要	代替エネルギー 水の淡水化 精密農業	エネルギー貯蔵 石油・ガスの進歩 再生可能エネルギーの開発
強化された人間	バイオメトリクス	―

　表 1.2 は，そのうちの３つを比較し，それらが大きなカテゴリーやテーマでいかに合致しているかを示したものである。

　これらの動向から，21 世紀の教育システムにおいて，子どもたちが学ぶ必要のある内容と，それを学ぶための革新的な方法の両方についての深い示唆が得られるだろう（Chapter 3「知識の次元」でより詳しく触れる）。

テクノロジーが社会に与える影響

　　テクノロジーは我々に力を与えてくれる。しかし，その力をどのように使えばよいのかは教えてくれないし，またそれは教えられない。

　　　　　　　　　　　　　　　　　──ジョナサン・サックス（Jonathan Sacks）

　我々は長きにわたり，テクノロジーが変化する社会を恐れてきた。よく知られているように，ソクラテス（Socrates）は，文章を書くことで「学ぶ人の魂に，忘却体質が植えつけられてしまう」と信じ，自分の言葉や仕事を記録しなかった。ある意味では，彼は正しかった。

Chapter 1 変わりゆく世界に向けた教育の再設計

　イリアス（Iliad）のような壮大な作品を完全に暗唱する口承文化をもつ人たちがいたが，我々の記憶力を彼らの記憶力と比較すると，現代の人間は信じられないほど記憶力不足のように思える。人類の歴史の大半において，頭の中に本の内容すべてを記憶することは普通のことであったが，そうしたスキルは時代遅れで，もはや使われていない。もしソクラテスが今の時代にタイムトラベルしてきたら，いかに我々がわずかしか記憶せず，頭の外の記憶補助具に頼っているかに，ぞっとするだろう。

　しかしながら，物事を書くことは歴史を共有し，いつでもそれを見たり，書き加えたりすることを可能にしたし，互いの作品をもとにしたり，それを批評したりすることも可能にした。テクノロジーの影響に対する懸念は現実的な結果に対する昔ながらの心配であるが，それと同時に，テクノロジーは世界を変える大きな力をもつ偉大な希望の源でもある。

　テクノロジーが社会に与える影響を批判する人々は，次のようなことを指摘する。小児肥満の割合が増加する。顔を合わせた交流がマルチユーザー・ビデオゲームにとって代わられる。過度のメディア使用は依存や引きこもりにつながる。紙に比べ電子的なメディアで読む場合，読解力が下がる。しかし，これらの多くは，新技術の適用や既存のテクノロジーの新しい使い方によって解決されている。現在，ゲームは積極的に対面での協働や現実社会での交流を含めるように開発されている。また，学習者を病みつきにさせるゲームの特徴（自律性，熟達性，目的性）はよく理解されていて，むしろより強力な学習体験のために利用されている"。そして，異なるメディアがもたらす読みのニュアンスの違いはさらに検討され，将来のテクノロジーの革新によって解決されるであろう。

　あらゆるブレイクスルーは，正と負の両方の影響をもたらす可能性がある。進歩はまさに両刃の剣であり，テクノロジーは道徳意識のない増幅機である。たとえば，インターネット上の知識の商業化とコモディティ化は，知識へのより広いアクセス，素早い流通，そしてアイディアの共有を導いてくれる。しかし一方で，それによって3Dプリンターで作った武器や自家製細菌兵器の病原

訳注　★1.1：製品やサービスが，機能や品質で差別化できず，どの会社のものを選んでも大差ないほどに一般化すること。

19

体など，より危険な知識の蔓延を助長することもできる。科学的発見も同じような二面性を有しており，たとえば，核エネルギーは，莫大なエネルギー源として有効に利用可能な一方で，強力な破壊兵器に悪用することもできる。

　ここで強調したい重要なポイントは，我々は発明やテクノロジーの加速度的な進歩を止めることができないだろうということである。しかし，我々は生活の中でのそれをどのように使うかを注意深く管理することもできる。テクノロジーの悪い影響を抑えるとともに，良い影響を促進し続けるためには，テクノロジーから得たいものは何かを明確にする必要がある。テクノロジーの使用については，その目新しさ，あるいは，支えとしての魅力からだけではなく，自らの目標に到達するための力を与えてくれる道具として利用することを強く意図する必要がある。

　我々の教育システムは，すべての学習者にコンピテンシー，専門知識，英知を形成させるといった有益な目標に焦点を合わせる必要がある。すべての子どもは自分自身の行動が広い範囲に影響を与えることを考え，注意深くふるまい，世界の変化を受けて，それに適応できるようにならねばならない。

テクノロジー，自動化，外部委託と仕事

　　問題であることさえ知らない問題を解決するために，まだ存在していない仕事
　　や発明されていないテクノロジーへの準備を子どもたちに今させているところ
　　である。　　　　　　　　　　　　　　　——リチャード・ライリー（Richaed Riley）

　テクノロジーは，まず肉体労働から多くの汚れ，汗，そして危険を取り除いた。その後，自動化（automation）することにより，知的作業の退屈な部分の多くを処理してくれた[12]。さらに今は，意思決定が必要な専門家の仕事にすら取って代わる兆候を示している。たとえば，コンピュータは，人間の医者が考えるよりも多くの要因を踏まえ，瞬時に乳癌を診断することが可能なまでに進化した[13]。

　しかし，それは人間のすべての職業が奪われることを意味するのだろうか？コンピュータが自動車を運転し，レストランの注文をとることを始めた今，この疑念は広く議論されるようになってきた。それとも，多くの人々がもっと意味のある仕事へと解放され，彼らの長所を仕事に活かすより強力な道具を得た

ということなのだろうか？ より多くの人々が自分たちの情熱に従うことができ，今まで以上に世界に良い影響を与えることができるようになるのだろうか？

人間の仕事や専門知識にはさまざまな種類と特色が存在する。世界の国々で使われるテクノロジーがさまざまに変化する中で，今や一部の仕事は外国において自動化されたり，より低コストで行われたりしている。また，ある種の仕事を特定の場所でやらなければならない理由は失われ，逆に世界の別の場所でそれに対する高い需要が生まれたりしている。

図 1.6 と図 1.7 は，1850 年以来，仕事の種類がどのように変化してきたのかを，それぞれパーセンテージと実数で表している。

テクノロジーの進歩が仕事をより簡単にし，より多くの余暇の時間を作りだすだろうという直感的なイメージは正しくないことがわかっている。人々は，これまでより長く厳しい仕事をするとまではいかなくとも，同じぐらいの仕事量をこなし，ますます多くのものを製造するようになっている。たとえある特定の仕事が自動化されたとしても，ソーシャルメディア・マネージャーやクラウド・サービス・エンジニアのような，まったく新しいタイプの仕事が現れたりする。

自動化は新しい現象ではない。馬は自動車に，中世の書記はグーテンベルクの印刷機に，洗濯人は洗濯機に，レジ係はバーコード・スキャナやクレジットカード読み取り機，携帯電話の支払い用 IC チップなどに取って代わられた。最近になってアパレルメーカー H&M は人間のモデルの代わりに"キズのない"マネキン・ボディを起用することを認めるようになった。

ここから次のような重要な問いが生まれる。

・どのようなタイプの職業が自動化の対象になりやすいのか，あるいは，なりにくいのか。
・より厳密に言うなら，どの程度，自動化することができるのか。
・どのような新しい仕事が生みだされるのか。また，どのようなコンピテンシーが必要とされるのか。
・卒業時に実在するであろう仕事のために，子どもたちにどのような準備をさせたらよいか。

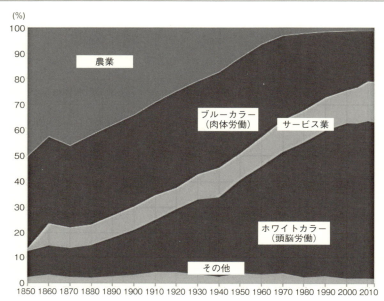

図 1.6　年代別各業種のパーセンテージ
出典：ミネソタ大学，IPUMS-USA

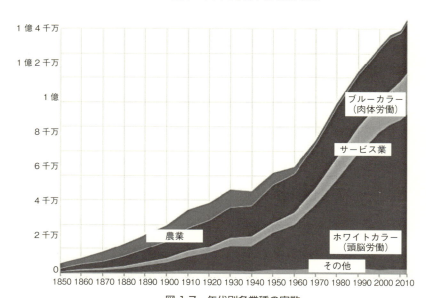

図 1.7　年代別各業種の実数
出典：ミネソタ大学，IPUMS-USA

Chapter 1 変わりゆく世界に向けた教育の再設計

図1.8 マネキン―顔だけは本物―
出典：*Le Monde Culture and Ideas*, December 24, 2011

　まず，自動化の仕組みを理解する必要がある。一般的に言えば，コンピュータは，あるパターンまたは一連のルールに従ってプログラムを実行することができる。人間の強みが柔軟性と統合であるのに対して，コンピュータの強みはスピードと正確さである。図1.9は，プログラミングの観点から見て簡単なものから複雑なものまでのいくつかの例を示している。

　図1.10に示したように，1960年以降，米国における業務の種類がどのように増減しているのかを調べることで，自動化の影響をみることができる。手続きが定まったルーティン・ワークは手作業（たとえば，組立作業）であろうと，認知的作業（たとえば，事務処理）であろうと，どんどん自動化できるようになり，それに関連したスキルの必要性も低下している。一方，配管など手続きが定まっていない手作業の仕事も減少しているが，すべての家が配管の修理を必要とする限り，この仕事はさほど減ることはない。しかしながら，拡張現実（augumented reality）を用いて，世界中の配管工が住宅所有者の手を（または触覚グローブを！）遠隔操作することができるようになると，この仕事の存在意義が再び問われることになるだろう。

　その時，我々はどのようなスキルを教えるべきだろうか。ルーティン化していない対人スキル（コンサルティングに関するようなスキル）やルーティン化していない分析スキル（工学的設計や医療手術に用いられるようなもの）などは，将来的に必要とされる類のスキルだろう[14]。

23

右にいくほどプログラミングが難しい

	ルール・ベースの論理	パターン認知	人間による仕事
種類	演繹的なルールを用いたコンピュータ処理	帰納的なルールを用いたコンピュータ処理	ルールが明確でない，および／または，必要な情報が得られない
事例	所得税の計算 搭乗券の発行	音声認識 住宅ローン債務不履行の予測	説得力のある法律文書の作成 アパートの3階に家具を搬入

図1.9　プログラミングの難しさ
出典：Third Way,
http://content.thirdway.org/publications/714/Dancing-With-Robots.pdf

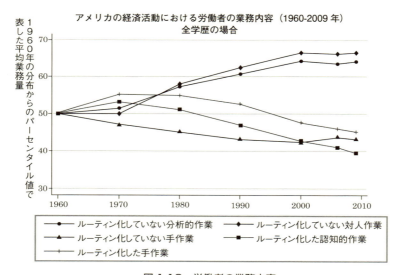

図1.10　労働者の業務内容
出典：D. Autor, "The Changing Task Composition of the US Labor Market: An Update of Autor, Levy, and Murnane (2003)," MIT (2013), pdf: http://economics.mit.edu/files/9758

しかしながら，別な視点から考えることもできる。多くのスキルは，遠く離れた場所から実行することができるし，世界はつながりを増すにつれ，ますます小さなものになってきている。もし遠く離れても，低コストで同品質のスキルを提供することができるのならば，それに対する地域の需要は減少するだろう。大まかに言うと，遠く離れていてもできる作業や個人化されていない（impersonal）作業，電子的に利用者に届けることができるような作業は，よ

り海外委託しやすいのである[15]。

　この2つの見方を合わせると，新たな未来図が見えはじめる。どのような仕事が将来的に必要とされるのかは，主たる作業が特定個人が行う必要のあるものであるか（これは海外委託の可能性を制限する）と，ルーティン化していない作業であるかどうか（これは自動化を制限する）の2つの要因により決められる。図1.11は，これらの要因と仕事のタイプがどのように関連しあうかを表している。

　概して言えば，雇用に向けた教育は，ルーティン化していて個人化されていない作業から離れ，人間だけがうまくできる，より複雑で個人化された創造的作業へと焦点を向け直す必要がある。このように，テクノロジーが進歩するにつれ，プログラマーや他の技術職の需要がますます高まるだけでなく，創造的で対人的な仕事に長けた人材の必要性も高まることがわかる。これらの仕事は自動化したり，海外委託したりすることが最も難しい。そのため人間がコンピュータで置き換えられるのではなく，コンピュータがルーティン・ワークをうまく引き継ぐのみで，人間には人間が一番得意とする仕事が残されるであろう。そして人間は，仕事を新たな高みへ到達させるための支援ツールとしてコンピュータを利用するのである。

　一方で，膨大なデータを処理し，複雑な決定を効率的に行い，自ら革新的なデザインを作り出せるようにコンピュータをプログラミングする方法がわかれ

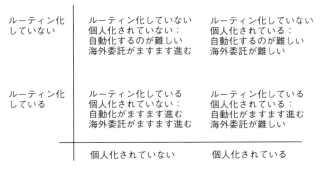

図1.11　ルーティン化している仕事とそうでない仕事
出典：CCR（X軸にBlinderの文献を，Y軸にAutor, Levy, & Murnaneの文献を使用）

ば，このルールそれ自体が変わってしまうかもしれない[16]。未来の仕事は変化しつづける。したがって，我々は未来の世界で適切であり続け，そうした世界を生きる子どもたちが充実した生活を送れるようなコンピテンシーを教えることを意図しなければならない（Chapter 3「知識の次元」で詳しく触れる）。

テクノロジーと教育のレース

　　　　文明とは，教育と破滅のレースである。　　——Ｈ・Ｇ・ウェルズ（H.G.Wells）

テクノロジーが進歩するにつれて，その効果的な利用に必要な教育もまた変化する。そのため，教育はテクノロジーの進歩に遅れないようにそれに適応しなければならない。このようにテクノロジーと教育はレースのような関係である[17]。

教育がテクノロジーの進歩より遅れているとき，人々は仕事に必要な能力を十分にもてないので，実際に行われる仕事は，本来の姿ほどには生産的でなく，また質も高くはならないことが多いだろう。さらに，経済的な不平等も進む。なぜならば，特別な教育を受ける手段をもつ人が出世のための機会を多く確保できる一方で，効果的な教育を受けることができない人には，経済的地位を向上させる見込みがほとんどないからである。このように，個人と社会の両方が失業や不完全雇用，所得格差，ストレス，社会不安などの形で苦しみを味わう

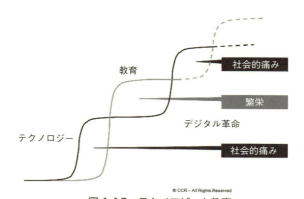

図 1.12　テクノロジーと教育
出典：CCR（「科学技術と教育のレース」の内容を意匠化）

ことになる。

　雇用者と学生は，現在の教育システムの成果にどれくらい満足しているのだろうか。国際的なコンサルティング会社マッキンゼー（McKinsey）が調査したところでは，教育機関の認識（ほとんどが満足）と，彼らの顧客である若者およびその雇用者たちの見解（ほとんどが不満）の間には，大きな（2倍もの！）食い違いがあった（図1.13参照）。[18]

　ルーティン化された，個人化されていない仕事のほとんどをコンピュータ・システムが行う世界で子どもたちは生きることになる。そのような世界において，子どもたちが学ぶべきことは何だろうか？　どんな質問でもインターネットで答えが見つかる時代の中で，大量の内容を暗記することはまだ必要なのだろうか？

　これらの質問に対し，筋の通った答えはたくさん出せるだろう。しかし，そうした答えは"より多く"の知識を教えることにしか焦点を向けていない。より適切な知識を学ぶことや，そうした知識を新しい，今までと違う形で活用する術を学ぶこと，そして，その他の3つの学習の次元，すなわち，スキル（skills），人間性特徴（character qualities），メタ学習方略（meta-learnig strategy）を育成することにほとんど注目していないのである。

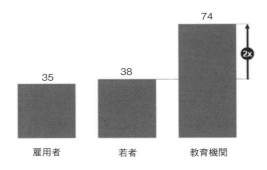

図1.13　卒業生・新規採用者が十分に準備できていたと答えた回答者の割合
出典："Education to Employment: Getting Europe's Youth into Work," McKinsey & Company, January 2014, www.mckinsey.com/insights/social_sector/converting_education_to_employment_in_europe.

● 原注 ·····

1. N. N. Taleb, *Antifragile: Things That Gain from Disorder* (New York: Random House 2012).
2. 詳細な情報はこちら。
   http://reports.weforum.org/global-risks-2015/appendix-b-the-global-risks-perception-survey-2014-and-methodology/
3. もし，カラー版が必要なら，ウェブサイトを参照されたい。
4. Elaine M. Murphy, *World Population: Toward the Next Century* (Washington, DC, Population Reference Bureau, 1994).
5. Global Footprint Network, www.footprintnetwork.org/en/index.php/GFN/page/world_footprint
6. Christine McDonald, "How Many Earths Do We Need?" BBC News, www.bbc.com/news/magazine-33133712
7. Jared Diamond, *Collapse: How Societies Choose to Fail or Succeed* (Penguin: New York, 2005), 498.
8. Jim Spohrer, *Slideshare*, www.slideshare.net/spohrer/t-shaped-people- 20130628-v5
9. KnowledgeWorks Foundation, Forecast 2020.
10. James Manyika et al., *Disruptive Technologies: Advances That Will Transform Life, Business, and the Global Economy,* McKinsey Global Institute (May 2013),
    www.mckinsey.com/insights/business_technology/disruptive_technologies
11. D. H. Pink, *Drive: The Surprising Truth About What Motivates Us* (New York: Penguin, 2011).
12. このテーマに関する詳細な取り扱いについて，エリック・ブラインジョルフスソンの次の著書を参照されたい。Erik Brynjolfsson, *The Second Machine Age: Work, Progress, and Prosperity in a Time of Brilliant Technologies* (New York: W. W. Norton, 2014).
13. Andrew Beck et al., "Systematic Analysis of Breast Cancer Morphology Uncovers Stromal Features Associated with Survival," *Science Translational Medicine,* 3 (2011),
    http://med.stanford.edu/labs/vanderijn-west/documents/108ra113.full.pd
14. David Autor and Brendan Price, "The Changing Task Composition of the US Labor Market: An Update of Autor, Levy, and Murnane (2003)," June 21, 2013,
    pdf: http://economics.mit.edu/files/9758
15. Alan S. Blinder, "How Many U.S. Jobs Might Be Offshorable?" Princeton University CEPS Working Paper No. 142, March 2007.
16. 音楽など！ 以下を参照。http://artsites.ucsc.edu/faculty/cope/experiments.htm
17. C. D. Goldin and L. F Katz, *The Race between Education and Technology* (Cambridge, MA: Harvard University Press, 2009).
18. 回答者には以下の意見に同意するか，しないかの回答を求めた。
    雇用者：「概して言うと，昨年の新入社員は入社以前の教育および／または研修により十分に準備されていた。」
    若者：「概して言うと，私はこの業種の新人としては，十分に準備ができていたと思う。」
    教育機関：「概して言うと，我が校の卒業生は，それぞれの学んだ分野の新人として十分に準備ができている。」

Chapter 2
21世紀の教育目標

教育目標の本質と進化

　個人の発達目標は，心理学者であるアブラハム・マズロー（Abraham Maslow）により，マズローの欲求のピラミッド（Maslow's Pyramid of Needs）として簡潔にまとめられている（図2.1を参照）。

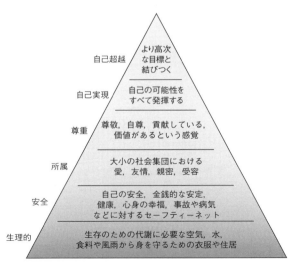

図2.1　マズローの欲求のピラミッド
出典：CCR

ピラミッドの形は，下の階層ほど個人の心身の幸福（well-being）に重要であり，それらが満たされていない場合，上層の欲求が達成されにくいという考えを強調している。しかし，これは欲求が逐次的であることを意味するものではない。すべての階層の欲求は常に在るものであり，いずれも重要な発達の要件として機能し，同時に満たされることもありうる。

　最下層に位置しているのは，個人の生理的欲求（physiological needs），すなわち，空気，水，食料，風雨から身を守る住居など，それなしでは生物有機体として機能し続けることができないものを求める気持ちであり，その１つ上は，自己の安全や金銭的な安定，健康，安心などを求める安全・安心（safety and security）の欲求である。これら下層の欲求が生活の中で満たされていない，もしくは不安定だと感じているときには，上層の目標に焦点を向けることが難しくなる。これは，貧困の中で生活している子どもによく見られる現象である。食料を満足に得ることや経済的な安定に不安を感じていたり，家庭内のストレスや暴力に耐えている子どもは，学校で求められることや，より上層の欲求に焦点を向けることが難しくなってしまうのである。

　マズローのピラミッドにおける次の階層は，他者への愛（love）と集団への所属（belonging）に焦点を当てたものである。社会的な動物としての人間には，所属の感覚をもつことと，頼りになる友人関係や家族との良い関わり，成熟した親密な人間関係をもつことが欠かせない。その上の階層は尊重（esteem）の欲求であり，他者から尊敬されている，価値があるとみなされていると感じることや，自分の存在が重要であると感じることである。これらの欲求が満たされない場合，人は自尊心の低下，自信の欠如，劣等感など，さまざまな心理的ストレスを味わうことになる。抑うつのような精神的な病気は，この関係性に関する欲求を充足することの妨げとなるだろう。

　ピラミッドの最上位に位置する２つの階層は，自己実現（self actualization）と自己超越（self transcendence）の欲求である。自己実現とは，自分の可能性をすべて実現すること，すわなち，できることをすべてなすことである。この欲求は，目標の違いにより，人によって異なるものとして見えるだろう。たとえば，ある人は完璧な親になることとしてこの欲求を経験するかもしれないし，別の人は，ある目標に向けた芸術表現としてこの欲求を感じるかもしれな

い。最後に自己超越とは，他者への奉仕や精神的，霊的な活動に身を捧げることなど，自己を自己の外のさらに高次な目標と結びつける欲求である。

社会の目標

　当然ながら，個人としての我々は自分が暮らす社会の状況に強く影響されている。そして，行動的な市民，共同体の参加者として，社会の目標というより大きな目標にできるだけ貢献する義務を感じており，子どもたちをそうふるまうよう育てたいと思っている。

　この社会の目標は，世界がますます相互につながりあうようになってきていることから，その認識のレベル，複雑度，規模において，確実により広いものへと拡大していくだろう。たとえば現在では，自分が他者にどのような影響を与えるかを対面の場合とヴァーチャルの場合の両方について考えなければならない。ソクラテス（Socrates）が「大書された魂」（the soul writ large）[19]として社会を世界規模の人間のレベルでとらえたように，こうしたより広い社会の目標も，マズローの欲求のピラミッドにまとめられた個人の目標の進展に対応したものとしてとらえることができる。

　低い階層において重要なことは，我々人類と我々が依存する他の種がみな繁栄することである。また，我々は食料の供給が途絶えることがないこと，社会システムが崩壊することがないことなどを理解し，安心しなければならない。一方，より上位の階層でいうと，社会や技術を発展させたり，偏見を克服したり，最高の科学知識を集め，それに基づいて行動したりするなど，集団としての可能性の実現に向けて努力している。そして最上位の階層の欲求は，種全体にわたって関連性や結束の感覚を達成することだと言えるだろう。そのとき，個人と集団がみなそれぞれの部分において貢献し，その結果として，一人ひとりの声をすべてあわせたよりもさらに素晴らしく調和的な歌声が生みだされるであろう。

　これに対し，社会の目標は昔から，国内総生産（GDP）で測定するような成長と繁栄に関連させて，経済的な観点から議論されることが多かった。理論的には GDP は，人々が社会に貢献した程度や，各国の成功度の変化など，他の種類の発展も反映している。しかし，この経済指標には，たとえば，健康や

環境が要因として含まれていないことなど明らかな限界がある。そして，測定しやすいものだけを測るのではなく，個人と社会の満足に何が重要かを重視すべきという認識が広がるにつれ，心身の幸福（well-being）のような，より広範な指標が使われるようになってきた。

OECD（経済協力開発機構，パリ）は，オンラインツールとしてベター・ライフ・イニシアチブ（the Better Life Initiative）[20]を作成した。このツールでは，地域社会，教育，環境，市民活動，健康，住居，収入，仕事，生活満足度，安全，ワーク・ライフ・バランスの11のトピックに順位づけを行うことで，心

図 2.2　持続可能な開発目標
出典：@theglobalgoals（インスタグラム）

身の幸福に関する指数を各自で作ることができる。

　また国際連合は，2030年までに発展させたい17の領域を定義した「持続可能な開発目標」(the Sustainable Development Goals) を作成し，それとともにそれらの測定可能な成果の例を示している（より詳しくは国連のWebサイトを参照)。[21]

　他の指標セットとしては，各国のパフォーマンスを，人間の基本的欲求（栄養，医療，上下水道，住居，個人の安全)，心身の幸福の基盤（基本的な知識へのアクセス，情報通信へのアクセス，健康とウェルネス，生態系の持続可能性)，機会（個人の権利，個人の自由と選択，寛容性と包括性，高等教育へのアクセス）という3つの次元から測定する社会進歩指数 (the Social Progress Index) というものもある。[22]

　また「よい国家指数」(the Good Country Index) では，各国がどれくらいグローバルに貢献しているかを7つの領域[23]で測定するし，さらには，幸福感 (happiness) を社会の成功の尺度として明確に組み込んだ指標もある。[24] こうした社会の健康や心身の幸福に関する尺度の根底にある問いは，「どうすれば経

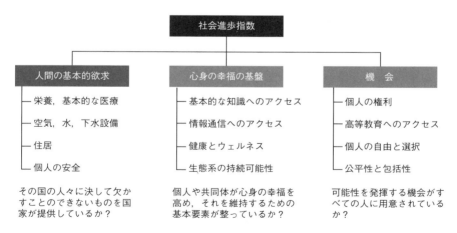

図2.3　社会進歩指数

　　出典：Social Progressive Imperative
　　　www.socialprogressimperative.org/system/resources/W1siZiIsIjIwMTUvMDUvMDcv
　　MTcvMjkvMzEvMzI4LzIwMTVfU09DSUFMX1BST0dSRVNTX0lOREVYX0ZJTkFMLn
　　BkZiJdXQ/2015 SOCIAL PROGRESSINDEX_FINAL.pdf

済的成長のためだけでなく，社会の進歩と総体的な心身の幸福のために努力するようになるのか」である。これは，すべての21世紀の指導者と子どもたちが，これまでにない革新的で洗練された形で答えられるようにならなければならない問いである。

それでは，教育の目標は，個人のレベルに置かれるものだろうか，それとも社会のレベルに置かれるものだろうか。これは完全に“誤った二分法”（false dichotomy）である。前節で説明したテクノロジーと教育の競争のことを考えてほしい。教育がテクノロジーよりも遅れているとき，人々は雇用の需要に応えることができず，結果として，個人と社会は収入の不平等や生産性の喪失，社会的不安定の増大に苦しむことになる。個人の目標は，社会の目標と密接に結びついたものであり，逆もまたしかりなのである。

理想的な状況では，それぞれの社会（そしてグローバルな社会）のあらゆる人が生理的欲求，安全欲求，承認欲求，自己実現，自己超越の欲求を満たしており，そして社会自体も繁栄して，すべての階層の欲求が互いに高めあう形で満たされている。この理想的な状況を達成することこそが，実際のところ，社会における教育の最も重要な目的なのである。

教育の目標

公教育は個人と社会の目標をどのように扱っているのだろうか。幼稚園から高校までの（K-12）[★2.1] 公教育システムには，市民に価値と利益をもたらす4つの教育サービスがある。

1. 保育
それぞれの家族が自分のリソースのみで子どもの面倒を見るのではなく，教育がこの仕事を一本化し，家族に対し日常的な保育サービスを提供する。

2. 社会化
子どもは他者との関わりの中で自己制御をともなう交流を無数に行い，そ

訳注　★2.1：幼稚園（KindergartenのK）から高等学校卒業（第12学年の終了）までの13年間の教育期間のこと。

れを通して基本的な社会的スキル（social skill）を身につける。こうした関わりあいの経験は，より複雑な社会・情動的スキル（socio-emotional skills）と人間性特徴（character qualities）の基礎を形成する。

3. 認定と評価

公教育システムの認定証（seal of approval）は，同じ学習体験を修了したことを他者に示すためのものであり，個人の知識レベルの確認に，一定の標準化（standardization）と質管理（quality control）をもたらす。

4. 教育目標，スタンダード，カリキュラム

知識・スキル・その他のコンピテンシー（competencies）とそれらの学ばせ方の標準セットは，子どもたちに適切な教科と重要なスキルについての基礎的理解をもたらすよう設計されている。それらは，子どもたちが世界で成功するのに役立つものであり，また，同じ知識や参考資料，そして共通の教育基盤をもつことを通じて社会同士を結びつけることになる。これは個人の自己実現と社会の繁栄の両方に必要なものである。

最後の項目，すなわち教育目標，スタンダード[★2.2]，カリキュラムこそが，我々の研究と本書の焦点である。教育が個人や社会の欲求・目標を満たすよう機能するためには，教育原理と実践方法の標準セットが，個人の発達や社会の課題，そしてローカル，グローバルな労働需要の変化に即したものでなければならない。

個人のことについて言うと，教育は，安全な場所，社会的なつながり，保護下での試みの提供を通じて，子どもたちがマズローのピラミッドを上がっていけるようになっていなければならない。そうすることで，誰もがみな，情熱の対象や，社会や世界でのより大きな役割を見つけることができるようになるのである。

社会のことについて言うと，子どもたちは世界からの要求に備えるために，有用で適切な知識（knowledge），スキル（skills），人間性特徴（character

---

訳注 ★2.2：国や地域（州など）で設定された教育課程（カリキュラム）編成上の基準のこと。日本では，文部科学省が定めた学習指導要領がそれに相当する。

qualities），そしてメタ学習方略（meta-learning strategy）を学ばねばならない。21世紀では社会の要求は急速に変化している。たとえば，以前はテレビのチャンネルが3つしかなく，ほとんどの人が同じ番組を見ていたが，今，我々の前には，ソーシャルメディアを通じて広がり，拡大の一途をたどるオンライン・コンテンツの海がある。にもかかわらず，世界の子どもたちは，互いに一度も会ったことがないまま，ミームやアイディア，参照物について同じ言葉で★2.3しゃべっているのである。教育のスタンダードとカリキュラムがなすべきことは，そうした中で人々が深みのある内容を選び，それと知的に関わるのに必要なコンピテンシーを身につけさせることである。我々は，変わりゆく知識とこの世界で起きている大きな変化を反映したものに教育目標，スタンダード，カリキュラムを編成し直さなければならない。

　しかしながら，教育目標，スタンダード，カリキュラムを変えることは，教育機関の認証評価（accreditation）や標準テスト（standardized testing）の必★2.4要性と多くの場合，緊張関係にある。認証評価は，さまざまな分野，教科，学位，そして教育機関の質に関する価値観の決定に大きな役割を果たしていることが多い。教育機関のすべての面を個別に考えなくとも，親や子どもは，認証評価システムの質管理にこの作業をゆだねることができる。ブランドネームは（特に高等教育において）単純な質の指標となり，親と子どもが教育に関する判断を下す際に，本当に必要な情報の代わりとして，即座に役立ってくれる。

　このことは2つの重大な結果をもたらす。認証評価の基準とその標準テストは必然的に，外的な達成目標の重視と，子どもたちを分類する仕組みを生みだし，結果として，学びの習得という目標に悪影響を与えることになる。もし子どもたちのパフォーマンスがテストで外的に判断され，しかもその結果が将来の機会に影響を与えるならば，標準テストと認証評価は外発的動機づけ（extrinsic motivation）を強化し，多くの場合，学習への内発的動機づけ★2.5

訳注　★2.3：インターネット上で流行した行動や画像，動画などのこと。
　　　★2.4：ある教育機関について，その適切性を外部団体が評価し，認定する，教育の質保証のための仕組み。おもに高等教育機関を対象としたものであるが，米国では，初等・中等学校を対象とした認証評価も存在する。
　　　★2.5：行動を起こす理由が報酬・罰などその行動の外にある場合の動機づけ（モチベーション）を外発的動機づけ，その行動自体にある場合の動機づけを内発的動機づけという（例：学ぶことが楽しいから勉強をする）。

(intrinsic motivation）を低下させてしまうだろう。

　それに加えて，認証評価の要素は教育機関の市場的な側面を強調する可能性もある。すなわち大学は，（直接もしくは奨学金を通じて）授業料を払ってくれたり，後々，寛大にも寄付をしてくれたりする受験生を多く集めるという，わかりやすい目標に向かって進んでいくことになる。子どもたちを顧客とみなし，教育機関をビジネスとして見るという経済への焦点化は，教育システムの社会的な目的を見えなくし，その原動力をコンピテンシーの習得から外的な目標の達成や（この点について詳しくは，Chapter 6「メタ学習の次元」を参照），子ども同士の競争，教育機関同士の競争へと向かわせていくだろう。

教育は進化しているか？

　前例のない速度で世界が変化しているにもかかわらず，教育改革のスピードは遅いままである。図2.4は，学校で教えるおもな教科の変遷を古代から現在

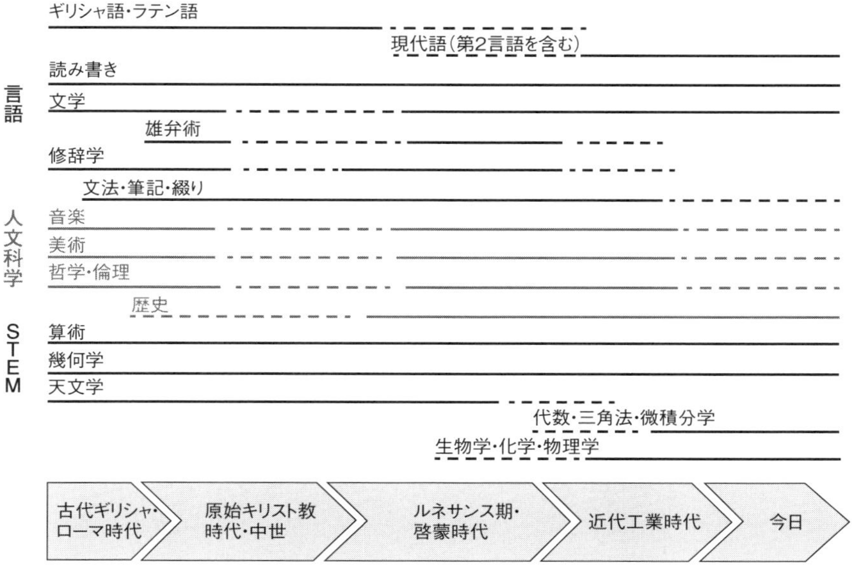

©2013 Center for Curriculum Redesign-All Rights Reserved

図2.4　学校で教える教科の変遷
出典：CCR

まで示したものである。

　概して言うと，高等数学や理科のような新しい科目が加えられ，修辞学のようになくなった科目がある一方で，我々が子どもたちに伝え，教えてきたおもな学問は，驚くほど変わっていない。

　教育の目標，スタンダード，そしてカリキュラムの改革の妨げとなることの1つは，歴史による惰性である。基本的な知識・技能を越えたさまざまなコンピテンシーの重要性を再認識したとしても，すでに確立されたぎゅう詰めのシステムに新しい教科やスキルを入れ込むことは難しい。そのような制約のもとでは，野心的な改革はほぼ不可能である。多くの場合，新しい目標や内容の追加は，すでにカリキュラムが過剰であるという問題にぶつかることになる。また，標準テストを用意しなければならないというプレッシャーもあり，新しい学習目標をうまくカリキュラムに入れ込む時間をとれる教育者は，ほんの一握りしかいないだろう。

　それにしても，この惰性のメカニズムは何であろうか。

　まず政策レベルでは，選挙や指導者の交代が数年ごとにあるために，国によって程度は異なるものの，多くの国が不安定な状態で仕事をしていることがある。人材（事務官レベルと大臣レベル両方）が頻繁に交代することに加え，有権者・保護者・組合・企業などの利害関係のバランスをとらなくてはならないという政治的なプレッシャーによって，大きな動向の省察や長期目標の計画，リスクの採択や変化・革新の取り入れなどに必要な連続性が失われていることが多い。

　また専門家や学問的権威のレベルでは，特定主題の専門家によって重要な決定が先送りされがちだということがあげられる。こうした専門家の意見は，予想可能な方向に偏ったものである。第1に，専門家は初期のスタンダードの作成者の一人であったり，その良さを広めてきた一人であったりするため，それを維持することに責任を感じている。また，専門家は自身の研究分野に忠実であるがゆえに，その内容の一部が時代遅れで役に立たないものになったとしても，それを放棄することに抵抗を感じる。彼らの目には，自分の専門分野は他のものより重要なものに見えているのだ。

　第2に，専門家には，伝統的な知識領域に新しい学問分野を加えることも難

しい。たとえば，アルゴリズム学（algorithmics）やゲーム理論（game theory）は，数学を使うさまざまな領域で現在進行中の進歩に関係したトピックである。しかし，伝統を志向する数学の専門家は，それらを彼らの数学カリキュラム改革の取り組みの中に入れようとはしないだろう。そのうえ，学界の専門家は，彼らの学問が今，仕事の場でどのように応用されているかを知らず，現実世界の求めから孤立していることが多い。

　最後に，特定主題の専門家たちは，世界の同じ分野の専門家が行っている，カリキュラムの似たような見直しをとても重視する。そして，他国に倣おうと調整するうちに，ともに集団思考[★2.6]（group think）に支配され，大きな革新を行うことができなくなってしまうのである。

　CCRの教育目標が実現できるかは，これらの問題に関係した2つの要因にかかっている。まず政策レベルで言えば，政治的な派閥に安定した合意をさせること，そして，子どもたちに今必要な教育は何かに関する展望を政治家にはっきり語らせる努力をする必要があるだろう。次に学問の専門家のレベルでは，改革志向の学者たちに加え，実社会における学問のユーザーを常に巻き込んでいく必要があるだろう。

　我々は，世界中の教育システムから（教育に応用できる産業界からも），そこにおける成功事例を参考にしていく必要があるだろう。そして，何を教えるのが適切かを慎重に再検討し，伝統的な学問分野の吟味・整理，適切な現代的学問の追加，そして，より包括的な学習，すなわち知識だけでなく，スキル，人間性，メタ学習を重視した学びの強調を行っていく必要がある。最後に，我々は革新する勇気，すなわち心地よい既存のシステムを捨て，より良い方向に向かって不確実な状況で仕事をしていく勇気をもたねばならないのである。

21世紀型カリキュラムの鍵となる特質

　　もし我々が，今日の子どもたちを昨日までの子どもたちと同じように教えて

訳注　★2.6：集団で意思決定を行うことで，個人ならばしなかったであろう不合理な決定が下されてしまうこと。

いるなら，それは彼らの未来を奪うことになるだろう。

——ジョン・デューイ（John Dewey）

適応力

　自然界では，新しい環境にうまく適応する生物が生き残り，適応できない生物は死んでいく。これは自然淘汰の中心原理である。

　しかし，適応の能力を高めることで，どのように環境の変化の中でも生き残れるようになるのかは，ほとんど議論されていない。寿命がとても短い小鳥シジュウカラ（学名 *Parus major*）は，環境が劇的に変化しても，長く存続する可能性が高い種の例である。シジュウカラは行動面から見ると融通の利く鳥で，たとえば，周りの状況にあわせて最適な瞬間に産卵する。そして，全体レベルでは環境の変化に応じて，種としてすばやく進化することができる[25]。

　我々人類は，存続するどころか，途方もない適応力（adaptability）によって，地球上のさまざまな資源を限界まで使うほど繁栄してきた。人類は，道具を発明し，それをさらに改良してきたし，有益な植物の栽培を繰り返すことで食料をコントロールすることを学び，こうした新しい手法を世界中に広げていった。そしてその後，製品を大量生産する術を学び，組織化された仕事と自治のシステムを整え，情報通信の世界的なネットワークを紡ぎだしてきた。技術革新は人類を世界のどこにでも定住できるようにし，また祖先にとって歴史上ずっと致命的だった遺伝的差異も克服できるようにした。人類にこのようなことができたのは，我々の脳が進化して大きくなり，絶えず環境に応じて変化してきたからである。他の動物は，たとえば，すぐに歩くことができるなど，生まれながらに多くの能力をもっているが，人間は発達の比較的長い期間，無力なままである。これにより，環境が何を要求してこようとも脳がそれに適応することで，個々の人間が環境や文化にあうよう最適に調整することが可能となっている。多能性（versatility）は，変わり続ける世界で生き残っていくための鍵である。それは人類にとってもそうであるし，人類の知識やコンピテンシーの共通基盤であるカリキュラムにとってもそうである。

　カリキュラムが適応的でないと，それは硬直したものとなる。世界は変わり続け，それにともない最適なカリキュラムの目標も変わるので，改訂の必要が

ない完全なカリキュラムなどは存在しない。また教科によって，その変化の速度は異なる。たとえば，時代にあったプログラミング言語は 2 年ごとに変わるが，古代の哲学はずっと変わらない。これは，カリキュラムは流行に敏感であるべきだということではない。そうではなく，カリキュラムは，新発見や新しいブレイクスルーの出現に合わせて，常に最新のものに改訂し続ける仕組みを備えていなければならないということである。

　カリキュラムの適応力のもう 1 つの面は，教室の外やコンピュータのヴァーチャル空間の中など，世界のどこからでも実行できる可能性があるということである。重要な学習目標の中には，教室ではなく，壁の向こうにこそ深く豊かな学びの機会がたくさんあるものもある。こうした非公式な学びの機会としては，多種多様な放課後のプログラム（たとえばクラブ活動やボーイスカウトの活動など），博物館，ヴァーチャルでの旅行，オンライン学習プログラム，デジタル証明書や学習バッジ，[★2.7] インターンシップ，徒弟制，地域奉仕活動の学びなど，さまざまなものをあげることができる。

　本当に適応力のある 21 世紀型のカリキュラムは，決して完結したり，完成したりしない。それには 2 つの理由がある。第 1 に，人類の知識基盤は成長し変化し続けるものであり，カリキュラムはその時流についていくために絶えず変わっていかねばならないからだ。この本自体，適応的な生きた文書であり，世界の変化の姿や，そこで求められること，個人や集団の目標を教育を通じて実現する方法について新しいことがわかるたびに，改訂・変更を行っていく。

　第 2 に，カリキュラムには，個々の子どもの求めや関心，そして，個人の成長目標に合わせて調節可能な部分が用意されていることが重要であるからだ。自分で学びをコントロールすることは，子どもの学習意欲を高めたり，高い学習成果を上げたり，実行機能[★2.8]（executive function）[26]を発達させたりするのに重要であることが示されているし，それ自体，生涯にわたる重要な学習方略（learning strategy）である。効果的なカリキュラムは，さまざまな知識の体系について，鍵となる概念やプロセス，メソッド，ツール（Chapter 3 を参照）を強調しながら，学習者にしっかりとした導入を行う。またそのカリキュラム

訳注　★2.7：ボーイスカウトのバッジなど，学習結果を証明するバッジ。
　　　★2.8：課題目標に即して自分自身の思考や行動を制御する脳の働き。遂行機能。

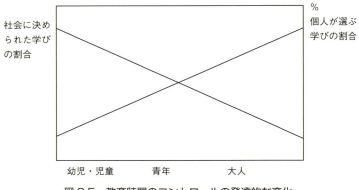

図2.5 教育時間のコントロールの発達的な変化
出典：CCR

は，知識を育て，世界でそれを応用することに関わるその実用的（practical），認知的（cognitive），情緒的（emotional）な側面（Chapter 3 を参照）も強調する。このため，子どもたちはどの分野を学ぶべきかについて選択できるようになり，生涯を通じてよりよい職業選択を続けられるようになる。

こうして，学習は個人の生涯を通じて続いていき，その中では，トップダウン的に規定された内容がどんどん減り，学習者自身が自ら選び，コントロールする学びが増えていく。図2.5のグラフは，教育時間のコントロールについて，生涯における望ましい変化を示したものである。[27]この変化を子どもが学校に入るときから追ってみると，カリキュラムは，幼い時期には子どもたちに学習の足場を提供し，もはやそれが必要ではなくなったときには，彼らをそこから抜け出させる。そして，正規の学校教育が終わった後にも，自らの興味関心に突き動かされるかたちで，学びを継続できるようにするのである。

バランス

教育における一連の複雑な要求や，今日の教育の状況についてのさまざまな見方，学習に関する膨大な理論や実践のすべてを理解しようとするとき，「どちらの方が良いのだろうか？」という選択の思考態度（mindset）の誤りを犯してしまうことは珍しくない。たとえばそれは，教えるべきは知識か，スキルか？ 教育が重きを置くべきは人文科学か，STEM（Science, Technology,

Engineering, Mathematics) か？　学校は子どもの人間性を伸ばすべきか，難しい試験に通ることを重視すべきか？　といったことである。

　我々はこの本において，こうした誤った二分法に対して断固たる立場を取る。21世紀のカリキュラムが真に包括的であるためには，教育のさまざまな目標を統合し，バランスをとらなければならない。以下は，そのいくつかの例である。

1. 現代的知識と伝統的な教科

　ロボット工学，起業家精神，プログラミング，メディア・コミュニケーションのような現代的な科目は導入されるべきだが，一方で，読み，数学，言語のような伝統的な教科も依然として重要である。我々は，適切な現代的トピックやテーマのための時間をつくるために，既存のカリキュラムを丁寧に調べ上げ，時代遅れとなった単元やセクションを削除しなければならない。これは既存のカリキュラムをすべて放棄するということではないが，カリキュラムの根本からの再設計を意味している。

2. 深さと広さ

　学校教育の時間は限られているが，カリキュラムが学びの深さ（特定の知識領域での専門性）と広さ（さまざまな教科領域からなる知識の体系を見渡し，理解すること）の両方を高めるものであることが重要だと我々は考えている。子どもは，さまざまなトピックを関連づけるとともに，その中から選択したものを深く学んでいくよう促されるべきである。

3. 科学，技術，工学，数学（STEM）と人文科学

　STEMに関係した仕事の需要はたくさんあるが，多能であることはいつでも不確実な未来に対する優れた対処法である。よく練られた人文科学や芸術のプログラムがうまく実行された場合，さまざまな職業での成功に必要な多くのスキル（批判的思考力や創造性など）を教えることができる。芸術教育は，ハイレベルな創造的思考，学習者としての自己認識の向上，より良い学校の雰囲気など，多くのことと結びついている。[28]スティーブ・ジョブズ（Steve Jobs）は言っている。「テクノロジーだけでは十分でない。……こう

した技術がリベラル・アーツと結婚し，人文科学と結婚することで，胸が高鳴るような結果が産まれるのだ」と。

4. 心と体

　古代の格言は言う。「健全な精神は健全な肉体に宿る」（mens sana in corpore sano）。栄養面での健康，運動，よい睡眠の習慣，リラクゼーションとマインドフルネス・トレーニング[★2.9]（mindfulness training），スポーツや運動競技などを学ぶ機会をもつことは，すべて学びや動機づけ，自己啓発に良い影響を与えることがわかっている。我々の精神は身体と複雑に関係しているので，そこにフィードバック・ループがあることを認識し，精神と身体のどちらの面も軽んじないことが大切である。

5. 知識，スキル，人間性，メタ学習

　伝統的に教育カリキュラムの焦点はおもに内容知識（content knowledge）を学ぶことに向けられてきた。しかし，さまざまな分野において，子どもたちには内容知識とその他の力のバランスが必要であることを指摘する研究が増えている。それは，①知識を現実の世界に応用するスキル，②動機づけやレジリエンス（resilience，復元力，回復力），社会・情動的知性などの人間性，そして，③子どもが省察的で自律的な熟達した学習者になるのに役立つメタ学習方略の3つである。

6. 成果と過程

　教育のパフォーマンス面については，学びの体験の成果（outcome）の方が，それを生みだした過程（process）よりも重視されることが多い。しかしながら，子どもにとって，その成果のみに報酬が与えられることは，内発的動機づけ（intrinsic motivation）（または成長，熟達，学習を志向した思考態度）の低下につながりかねない。これは，学びの過程が困難で順調でないことが多いことを考えるとなおさらである。この傾向に対する反動は，過程のみに

訳注　★2.9：今，この瞬間の心や体の状態に，評価や判断を加えることなく，能動的に注意を向けるマインドフルネス（Chapter 5 を参照）の心理状態を促進するトレーニング。

注目し，成果をまったく重視しないことである（評点や目当ての廃止によって達成されることが多い）。しかし，これでは子どもたちはより広い社会の期待（例：大学入試）に応えることができないし，学んだことを自らの基盤とすることができなくなってしまう。大事なことは，成果と過程の両方が学習プロセスの重要な要素として強調されること，そして，それらがともに評価されることである。

7. 個人の目標・要求と社会のそれ

自分にとって一番良いことをなすべきか，それとも地域や社会のためになることをすべきか？　こんな問いを立てたくなることがある。しかし，前述のように，どちらか一方を選ぶ必要はまったくない。個人の目標と社会の目標は，相互に高めあう形で協調して機能させられることが多い。理想を言えば，自らの才能を活かすことができ，情熱を向けることができる，世界をより良くするのにつながる仕事を見つけたり，創出したりすればよいのである。

8. グローバルな視点とローカルな視点

我々の枠組み（framework）は，統一的な枠組みとしてグローバルな視点を重視しているが，それぞれの地域において，ローカルの視点から何を入れるのが大切かを自分たちで決めることができる余地を意図的に残している。我々は共通の目標について洞察することで，すべての人が利益を得られるようにしたいと思っているが，そうした共通目標が地域における価値や考えとぶつかり，その破壊につながるようなことは避けるべきだとも考えている。理想的には，両者がともに機能して，グローバル（トップダウン）な考え，ローカル（ボトムアップ）な考えのどちらか一方のみから得られたものよりも優れた成果を生みだすことができるようになるとよい。我々の枠組みは，ローカル，グローバル双方のレベルにおいて，個人と国に力を与える案内書となるだろう。

9. 深い内化と柔軟さ

この枠組みが効果を発揮するためには，枠組みが深く内化（理解）され，

現在のスタンダードの再設計に用いられなければならない。しかし，それは硬直した，変化しない新しい規準（normal）をつくるという意味ではない。世界や我々の知識の変化に応じて，枠組みは絶えず変わらなければならないということは絶対にわかっておいて欲しい。

10. 社会進歩の理想形と地域規範への敬意

　我々は，社会の進歩の姿は世界中に広く当てはまると主張する。すべての人が十分な食料と水を摂取し，コミュニティの中で平和を推進し，持続可能な生活を送るといった大きなレベルの進歩は，まちがいなく普遍的に当てはまる。しかし我々は，細かいレベルで過度に規範的になることがないよう気をつけねばならない。たとえば，個人の自己主張や達成が常に努力に値するよい特質であるかというと，それは正しくない。なぜなら社会の理想を考える際に，文脈と文化は大切な要因だからである。我々は世界的に妥当な，社会の進歩の理想形があると信じる一方で，地域の規範に敬意をはらうことも重要であると考えている。そして，これらの2つの目標は対立するものではない。

教育はどうすればこれらの目標をすべて達成することができるのだろうか。どうすればこれらすべてのバランスをとることができるのか。統合された全人的な学びのアプローチを支え，すべての子どもたちを21世紀の要求に備えさせるには，どうすればよいのか。そのためにはまず，学習目標とコンピテンシーについてのより統合された統一的な枠組みが必要である。

教育目標の統一的枠組み

どこに行きたいのかがわからないのならば，旅を急いでも仕方がない。

──イタリアの諺

なぜ新しい教育の枠組みが必要なのか？

　教育システムとその改革の世界では，どのような用語，どのような構成概念（construct）を共通言語として用いるべきかについて大きな混乱が生じている。たとえば，カナダのケベック州では，コンピテンシーはキー／教科横断コンピテンシー（key/ cross-curricular competencies）と教科結合コンピテンシー（subject-bound competencies），生涯学習コンピテンシー（lifelong learning competencies）に分類されている。一方，グアテマラでは，コンピテンシーは，枠組みとなるコンピテンシー（framework competencies），分野別のコンピテンシー（area competencies），教科のコンピテンシー（subject/strand competencies），そして学年ごとのコンピテンシー（grade competencies）に分けられる。さらにインドネシアでは，コンピテンシーの標準に，横断的コンピテンシー（cross-cutting competencies）と教科結合コンピテンシー（subject-bound competencies）の2つのカテゴリーが設けられ，それらがさらに（より一般的な性質をもつ）標準コンピテンシー（standard competencies）と（教科と結びついたコンピテンシーを表す，または特定した）基礎コンピテンシー（basic competencies）に分けられている。

　ユネスコ（UNESCO，国際連合教育科学文化機関）によると[29]，「質の高い教育システムは，学習者を常に新しいコンピテンシーを獲得したり，作りだしたりする一方で，自らのコンピテンシーをいつでも柔軟に変えられる人間にしていかなければならない。そうしたコンピテンシーは，コアスキル，内容知識，認知スキル，ソフトスキル，職業のスキルなどさまざまな範囲に及んでおり，それにより複雑な要求に応えたり，難しい活動をやり遂げたり，さらには特定の文脈でうまく，または効率的に仕事ができるようになったりする。コンピテンシーの分類法やそれへのアプローチは，それを定める主体が国，組織，個人とさまざまであるのと同様に多種多様である。」という。

　どのようなコンピテンシーが必要かについてはコンセンサスが得られつつあるが，表 2.1 に示すように，こうした主要なコンピテンシーには多種多様な定式化の方法や整理の図式が存在する。

　同様に，認知科学や教育における研究も多岐にわたっており，異なる学派が

表2.1 主要なコンピテンシー

出典：UNESCO（国際連合教育科学文化機関）
www.unesco.org/new/en/education/themes/strengthening-educationsystems/
quality-framework/technical-notes/examples-of-countries-definitions-ofcompetencies/

英国／アイルランド	ノルウェー	スコットランド	オーストラリア	ニュージーランド
スキル： コミュニケーション 個人的スキルと対人スキル 情報の管理	5つの基本的スキルの追求： 自己表現ができるようになること 文章で自分を表現できるようになること 読むことができるようになること 数的思考力を発揮できること デジタルツールを使いこなせるようになること	4つの主要能力の追求： 成功する学習者 自信ある個人 責任ある市民 効果的な貢献 読解力 健康と心身の幸福 学習，生活，仕事のためのスキル 数的思考力	10の能力： 読解力 思考スキル 創造性 自己管理力 チームワーク 異文化間理解 倫理的なふるまいと社会的コンピテンス 数的思考力 ICT能力	5つのキー・コンピテンシー： 言語，シンボル，文章を使用する能力 自己管理力 他者との関わり 参加と貢献 思考力

インドネシア	シンガポール	ナミビア	南アフリカ
全国学力試験で目標とするもの： 知性 知識 個性 気高い人間性 自立して生きるためのスキル 学び続けるためのスキル	コアスキルと価値： コミュニケーションスキル 人間性の向上 自己管理スキル 社会的・協調的スキル 思考スキルと創造性 読解力と数的思考力 情報スキル 知識を活用するスキル	学び方の学習 個人的スキル 社会的スキル 認知的スキル コミュニケーションスキル 数的スキル ICTスキル	問題を見いだし，解決する 他者と効果的に働く 情報の収集，分析，整理，批判的な評価 効果的なコミュニケーション 科学技術を効果的に使う 関連しあうシステムのまとまりとして世界を理解する 個人の十全な発達（より効果的な学びに向けた学び方の省察と探求，責任ある市民，文化的，美的なものへの感受性，職業や起業のための教育）

さまざまな用語を使っている。研究成果を教育に反映しようとすると、正確さとわかりやすさの間で葛藤が生じることになる。専門家は研究について記す際に、できるだけ正確に書くことを目指す。そして、それぞれの概念に関する仮説を検証したり、改訂したりしながら、批判的思考力（critical thinking）、創造性（creativity）、マインドフルネス（mindfulness）など教育に関係したコンピテンシーをより深く理解するための詳しいモデルを作りだす。研究上の微妙な問いに答えるにはきわめて詳細なモデルが重要であるが、こうした詳細なモデルは、日常における現実的な決定を下すための知恵とするには使いにくいことが多い。

　本書で示す教育目標の枠組みが目的とするのは、これまでの研究と成功した事例を、正確さ、わかりやすさ、有用性を最大限に高めながら1つにまとめることである。その際には、わずかな違いにとらわれないようにしながら、重要な知見をすべて活かすように心がける[30]。その目標は、あらゆる経験から学ぶこと、そして、21世紀の教育の設計目標（design goal）を理解しやすく実行しやすいものにするのを助けることである。これにより教育者は、教育システムの再設計、改革という時間のかかる重要な仕事に携わる用意がより整い、研究者はより適切で正確な問いを立てるための道具をもつことになる。そしてその結果、誰もが、教育に関する決定を時代に即した形で、情報に基づき下すことができるようになるだろう。

　この枠組みは、「食のピラミッド」[★2.10]（the Food Pyramid）の成り立ちと2つの点で似ていると考えるとよい。

　まず第1に、我々は、すべての子どもにとっての"健康な学びの食品"に関する概略を設計している。もちろん、個々の子どもの"日々の学びの栄養"は、その年齢、興味、文化、価値観などに合わせて考えなければならない。食のピラミッドが特定の食品やレシピの指示をしたりせず、ただ野菜、穀物、果物といった食品カテゴリーのそれぞれについて推奨される摂取量を示すだけなのと同じく、我々も特定の活動を指示したりはしない。教育の場合には、これを枠組みの中の各カテゴリーにおける学習の割合に置き換えることができる。第2

訳注　★2.10：米国農務省が作成した「何を」「どれだけ」食べたらよいかの食生活指針を示す図。

図 2.6 食のピラミッド
出典：ワシントン・ポスト

に，食のピラミッドと同じく，この枠組みは，最善の学び方や最も必要な学習についての最新の情報を踏まえ，時とともに変わっていくよう作られている。

変化に関する我々の理論

　社会・経済的な地位，学校の文化，専門性開発，教師の質，標準テストからのプレッシャーなど，ある学校や教室における学びの質には，教育システムのさまざまな面が影響を与えている。いずれの要因についても，教育の向上や子どもたちのより良い成果を目指した改革の試みが多くみられるが，アプローチの仕方とその効果の点ではばらつきがある。ここでは違う質問を投げかけてみ

Chapter 2 21世紀の教育目標

たい。子どもたちはどのように学習しているのか，個人と社会の成功，繁栄には何が必要なのか，子どもたちは"何"を学ぶべきか，といったことについて，我々は何をわかっているのだろうか？

多くの教師が，ここで示す目標に向けた授業をすでに行っている一方で，そうでない教師もたくさんいる。我々の望みは，教育の設計目標やそれをどれくらい達成できるかについて深く議論するための基盤となる枠組みを作りだすことである。また，評価（assessment）は教育の変化を推進するものであるが，それにはみなが同じ考えをもって，正しいものを測定することが重要である。そうすることで教師は，何を学ぶべきかについての枠組みを通した深い学びが支えられ，賞賛される環境の中で教えることができるようになる（詳細については，巻末の Appendix「CCR の評価研究コンソーシアム」を参照のこと）。

この枠組みを評した教育者から時おり，「社会・経済的に低い地位に置かれていたり，学習障害（learning differences）があったりするなど，さまざまなことで苦しんでいる子どもたちに注目することも大事ではないですか？」と尋ねられることがある。それはとても重要な問題である。学習者個人のニーズがどのようなものであれ，それぞれにあわせて学習のやり方を調整，修正する方法はたくさんあるだろう。CCR は，包括的で誰にでも合う枠組みを（OECDなどの）影響力のあるステークホルダーとともに作ることで，"すべて"の子どもたちのために，システムレベルでの変化を起こそうとしているのである。

教育目標の枠組みを作ることで，教育のスタンダードに関する議論や，そうしたスタンダードが，評価をより包括的で妥当なものへと再設計することにどのようにつながるのかの議論に影響を与えることができる。何を学ぶべきかに関する新しい考えが評価に反映されると，その結果，新しい評価方法に沿うようにカリキュラムを再設計する必要が生じ，また同時に，専門性開発[★2.11]（professional development）を通じ，新しいカリキュラムによる子どもたちの学びを助ける準備を教育者に与える必要も生まれてくるだろう。以上のことを図 2.7 に示す。

もちろん，このモデルには，あるレベルから他のレベルへのフィードバック・

訳注 ★2.11：教員一人ひとりの技量，知識，専門性，その他教員としての資質を高めるための研修機会のこと。職能開発。

```
目標
     →スタンダード
          →評価
               →カリキュラム
                    →専門性開発
```

図 2.7　専門性開発
出典：CCR

ループがある。教育は巨大で複雑なシステムであり，それゆえに一歩下がって全体像を把握し，この歴史的な教育課題にどうアプローチするかを意識する必要がある。

　その進捗はふらふらしたものになるかもしれない。しかし，家をリフォームする時には，家のどこかに住みながら，一度に一箇所のみを改装することが大切である。教育システムのように大きなものを変えようとする際にも，すべてを一度には変えられないことを理解しておかねばならない。何を（スタンダードや評価）とどのように（カリキュラムと専門性開発）の両方を，時間をかけて変えていく必要がある。

　CCR は現在，最初の 2 部屋，すなわちスタンダードと評価の改革に焦点を当てている。このレベルに焦点を当てることで，いずれはすべてのレベルに変化がもたらされるようにしたい。言うなれば，「数えられていたものが，数えるようになる」（what gets counted ends up counting）ということである。カリキュラムと専門性開発を具体的にどのように変えるかについては，それぞれの国や教育管区[★2.12]（jurisdiction）に委ねることになる。それらは，新しい教育目標，スタンダード，評価に沿いながらも，それぞれの教育システムのスタイル，ニーズ，価値観に最も合うやり方で進められるだろう[31]。

　スタンダード，評価，カリキュラム，専門性開発の 4 つの分野の他に，ほとんど問題とされていないが，暗黙のうちに教育に影響を与えているものがある。それは大学入学条件である。大学入学条件は，入学試験を通して，生徒が大学

訳注　★2.12：地方の教育行政組織。日本で言えば教育委員会。

の課程でうまくやれる力をもっているかを見きわめるように作られている。しかし，それは多くの場合，伝統的知識の視点に基づくもので，生徒のスキルや人間性，メタ学習の能力を反映したものは，あったとしてもごく稀である。また，学問の世界以外での人生の成功の判断材料となるものでもない。しかし，この入学条件によって，学校システムに求められるものにバイアスがかかることが多い。たとえば，代数学の必要性は，それがどれくらい役立つかと無関係に決められることになり，また，それが実は粘り強さ（tenacity）の評価の指標として使えることも意識されない。[32] 一方で，こうした問題に関する理解も浸透し始めており，ブリティッシュ・コロンビア州などの教育管区では，当地における高等教育に疑問をもち[33]，入学条件を徹底的に見直している。高等教育からの求めを，出願者を公平に選別しつつも個人全体を評価するものにするにはどうしたらよいか，またより批判的に言うならば，教育のスタンダードと評価システムの改革の歩みの妨げとならないようにするにはどうしたらよいか。それがわかるためには，さらなる研究，分析，集中，そして革新的な問題解決の力が必要である。

CCR の進め方

独立した，党派に属さない国際組織であるカリキュラム・リデザイン・センター（the Center for Curriculum Redesign: CCR）は，根拠と研究に基づいたやり方で枠組み作りを行い，さらにそれを磨き上げていく。この進め方は，統合（synthesis），分析（analysis），体系化（organization）という3つの異なる共同作業によっている。

統合

CCR は，教育改革についての有望な分野を探す取り組みを通じ，すでにさまざまな成果が出されていることを認識している。"車輪の再発明"をしないため，CCR は，教育管区や国の機関（例：教育省），専門機関（例：全米数学教師協会），各種団体（例：P21.org）によって作られた既存の枠組について，メタ統合[★2.13]

訳注　★2.13：あるテーマのさまざまな質的研究をまとめ，そのテーマについての新しい発展を導く研究手法。

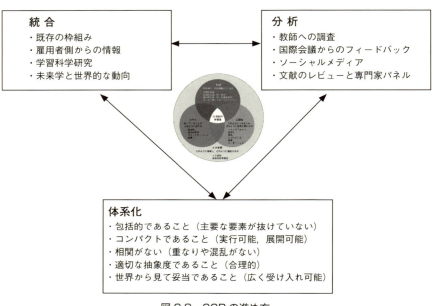

図 2.8　CCR の進め方
出典：CCR

(meta synthesis) を行っている。また，60 か国 33 産業の CEO，15,000 人に対し IBM が行った調査など，雇用者側の要求についての分析結果もメタ統合に用いている。さらに CCR は，学習科学の研究をたえずチェックして，それを取り入れたり，世界の動向や未来学の分析と歩調を合わせたりすることで，CCR のコンセプトが確実に時代にあったものとなるよう努力している。

分析

　CCR は枠組み作りにあたり，それをすることが自らの目標達成につながるような関係者との協力が重要だと考えている。そのために，世界中の 600 人以上の教師に聞き取り調査を行ったり，枠組みで議論となる点（数学，人間性，メタ認知，雇用可能性など）について国際会議や討論会を行ったりしている。また CCR は，子どもや保護者が教育に何を望むかについて，ソーシャルメディアを通じた情報収集を始める予定である。最後に，CCR は関連する文献をレビューしたり，世界の思想的リーダーのネットワークや OECD といった提

携組織から専門家の協力を得たりもしている。

体系化

　CCR はあまりに多くの情報を参考にしているので，最終的にできあがるものが正確であるだけでなく，実行可能なものになるように注意しなければならない。CCR の枠組み作りでは，次の5つの設計目標を用いてそれを成し遂げようとしている。

1. 包括的であること

　これは，読んで字のごとしである。実現したい教育目標のうち，一部の要素（たとえば，スキル）のみについて枠組み作りをしても十分ではない。現在の教育は，教育のある面のみを身につけさせようとするプログラムが多すぎることが問題となっている。1つのアプローチのみが特効薬となることはなく，教育を単一のシステムとして思慮深く，全体的に考えていくことが重要である。さらに言うと，1つの面しか注目しないことは，議論を二極化させ，現在の教育システムのさまざまな面について，どちらか一方に決めることを強いることになってしまう。重要なアイディアはそれがどのようなものでも排除しないことが大切である。そうすることで，同じような概念を違うかたちで考えている人も，どうすればその考えを我々の枠組みの中に当てはめることができるかが見えるようになるだろう。たとえば，人間性特徴の1つであるレジリエンスは，気概（grit）や忍耐力（perseverance）などの概念も含んでいるのである。包括的な枠組みを作りだすことで，CCR は教育のデザインに関する優れた考えのすべてをまとめ上げたいと考えている。それによりさまざまな要素が相互作用し，かみ合う姿を考えられるようになるだろう。

2. コンパクトであること

　前述のように，さまざまな研究についてその正確さを保ったまま，それらを統合して実行可能な結論を作りだすことは難しい作業である。学術的な文献のすべてのニュアンスを取り入れようとすれば，その枠組みは実際には

とても使えないものになって終わるだろう。心理学におけるミラーの法則
（Miller's Law）によると，人間はワーキングメモリー[★2.14]（working memory）
にわずか7±2の項目しか保持できないが，そうした項目をいくつかのグルー
プにチャンク化すれば，記憶容量が最大7±2のままでも，階層的に整理
することでより多くの項目を保持することが可能である。それ故に我々の枠
組みは“4つ”のカテゴリーをもち，そのそれぞれの構成要素を7未満とし
ている。これにより我々の枠組みは簡潔になり，十分に記憶可能で実行可能
なものになるのである。

3. 相関がないこと

　教育目標の多く（創造性，楽観主義，勇気など）は現実には，程度の差こ
そあれ，互いに相関する。すなわち楽観的な人は，そうでない人に比べて，
活力にあふれた人でもある可能性が高いだろう。これらの概念に関する研究
では，それぞれの重要性を他の要因の効果を取り除くことで調べようとする
ことが多い。異なる構成概念をまとめるには，最も相関関係の高い項目同士
をグループ化し，最も相関が低い項目（あるいは，無相関や逆相関の関係に
ある項目）と別にする。この作業を導く問いは，次のようなものである。あ
る構成概念は他の概念なしに成り立つか？　成り立つとしたら，そうしたも
のはどれくらいあるのか？　関係性を示す研究はあるか？　このような作業
を通じて，各概念はそれ単独で重要なものとなり，その重要性を他の概念
からとらえ，それぞれを個別に考えて混乱するということはなくなる。ま
た，これによって，起源は異なるが定義が重なる2つの概念がもたらす混乱
も解決される。たとえば，メタ学習を独自の次元へと区分けすることによっ
て，意思決定（decision making）は，批判的思考（critical thinking）の領
域から取り除かれる。そしてこれにより，意思決定の際には，知識，スキル
（批判的思考力を含む），人間性特徴のすべてが用いられることを示すことが
できる。それぞれの概念は多かれ少なかれ相互作用するため，言語学的・存
在論的に完璧な概念などは幻である。しかし，究極的なねらいは，さまざま

訳注　★2.14：知的活動の遂行に必要な情報を一時的に保持し，それをもとに処理を行う脳の働き。

Chapter 2　21世紀の教育目標

な言葉が日々の学習の中でどのように使われているかを反映した有用なグループとして個々の概念をまとめることであり，それを教育者に対し，教育実践に役に立つチェックリストとして使ってもらうことである。

4. 適切であること

　当然ながら人は，この世界についてさまざまな形，さまざまなレベルで考える。靴ひもを結ぶことも，学び方を学習することも，どちらもスキルと呼ばれるが，その抽象度はまったく違う。子どもたちが良い人間になることと，足し算のやり方を知っていることはどちらも大切なことだが，我々の枠組みでは，さまざまな目標や概念を，抽象度とその起源に応じて，理にかなった形で配置していく。このため倫理（ethics）と足し算は，枠組みの中で異なる次元，異なるレベルに属することになる。機械的スキル（たとえば，かけ算）のような低いレベルの要素は，それに関する学問知識の下位カテゴリーに区分けされるのに対し，倫理は人間性特徴の次元におけるより上位のカテゴリーに位置づけられる。こうすることで我々の枠組みは，個々の教育要素に関する変数が複雑に関連しあっていることを認めつつ，明晰に議論することを可能にするだろう。

5. 世界から見て妥当であること

　世界のつながりがより緊密になる中で，文化に違いがあることや，人の目標やつながり方が多種多様であることを意識することがますます重要になってきている。CCR の枠組みは，文化依存的なものではなく，むしろ異文化間で共通理解をもたらすのに十分な広がりと奥行きをもつよう設計されている。本書で論じるさまざまな考えは，今後，ともに未来を作っていくであろう世界中の人々に関係したものである。したがって，この枠組みはあらゆる国が使うことのできるものであるし，それぞれの国の価値と要求に見合うようにカスタマイズ可能なものである。

　CCR の枠組みは，正確さとわかりやすさを最大限にするという相補的な目標を携えながら，これまでに行われた研究を統合したものである。そのプロ

57

図 2.9　青虫から蝶へ
出典：google 画像検索より

セスでは，重箱の隅をつつく果てしない学術論争にとらわれないようにしながら，学問的な研究と模範的実践から得られたあらゆる知見を参考にしている。基礎となる先行研究を取り入れた枠組みを構築し，それをわかりやすく形作ることは，教育の設計目標をより明確にし，教育の再設計に向けた重要な作業に携わる際の共通の土台を提供することになる。また，認知科学の側について言うと，何が実証研究を必要としているのかをより明確にし，それにともない教育者は，教育上の意思決定を可能な限り情報に基づいた形で行えるようになるだろう。

　CCR の枠組みは，急進的なものか，それとも漸進的か。我々としては，「徐々にではあるが野心的」(incrementally ambitious) だと言いたい。公教育の課程を修正するだけでもどんなに複雑かということを考えると，我々の枠組みが急進的すぎれば，それが採用される可能性はまったくないだろう。逆に，枠組みの進歩があまりにも漸進的なものならば，21 世紀に関連したものは何か，必要なものは何かという問いにいつまでたっても答えがでないだろう。それはたとえるなら，青虫から蝶への変化である。どちらも同じ DNA をもっているが，蝶がその大きな変化によって得をしたのは明らかである。蝶は青虫が変化したとは思えないくらい変わったが，青虫の基本的な特徴はいまだ残している。

Chapter 2　21世紀の教育目標

知識を越えて：21世紀コンピテンシーの枠組み

　伝統的にカリキュラムは，子どもたちが習得すべき内容知識でその大半が構成されてきた。現代では，科学の進歩と技術の躍進によって，ますます多くの知識が急速に付け加えられており，子どもたちのすでに満杯になった学びの皿にさらに学ぶべきことを積み上げる。エドワード・ウィルソン（Edward O.Wilson）は次のように指摘する。「我々は，情報の中で溺れる一方で，知恵に飢えている。世界は今後，適切な情報を適切なタイミングでまとめ，それを批判的に考え，重要な選択を賢明に行える統合化の力をもつ人たち（synthesizers）によって運営されるだろう。[34]」

　知識が不可欠だということは論を俟たない。しかし，我々はそれぞれの教科に適切な内容は何かを再考し，伝統的な学問分野と現代的なそれの双方について優先的に学ぶべきことが反映されたものにカリキュラムを修正しなければならない。また，新卒者を採用する雇用者や各国のリーダーたちの間では，次のような見解が広がりつつある。すなわち，現行の知識重視型のカリキュラムは，子どもたちに未来どころか，今日の労働や今日の世界に向けた準備すら適切にさせられていない。子どもたちはスキルを用いて知識を活用することを訓練すべきである，と。

　人間性特徴については，教育者も雇用者もだいぶ前からその重要性をわかっていたが，最近になってようやく政策立案者たちも公教育の一環として人間性を育てることの重要性を認識しはじめたようである。経済成長や物質的な生産性など，古くから進歩と見なされてきたものがある一方で，各国は今や社会進歩を示す他の指標や，地域やグローバルな課題（たとえば，貧困，暴力，汚職，持続可能性など）への対応の程度の方に注目している。このことは，成功に必要な知識とスキルだけでなく，子どもたちの良い人間性特徴を伸ばす必要があることを浮き彫りにしている。

　これら知識，スキル，人間性特徴という３つの次元の学びを深め，促進するためのものとして，21世紀の総合的な教育に求められる第４の重要な次元としてメタ学習がある。それは，しばしば学び方の学習（learn to learn）とも

59

呼ばれ，学習についてふり返ったり，修正したりする際の内面的なプロセスのことを指す。この第4の次元は，他の3つの次元の中にそれとなく含めるのでは十分でない。この次元のもつ意義は明白な形で強調されなければならない。そうすることで，メタ学習の方略を常に学習における知識，スキル，人間性の部分へ組み入れることを心がけるようになり，自らがどのような目標を立てようとも，それを向上させるための努力の仕方がわかるようになるのである。

OECD の「2030 年の教育」(Education 2030) プロジェクト[35]との協働において，我々は世界中から 32 の枠組みをリストアップ[36]，分析，統合し，これら 21 世紀の教育における 4 次元の目標について，全般的に意見の一致が見られることを見いだした。表 2.2 は，重要な枠組みのいくつかに共通した部分があることを強調し，それらと CCR の枠組みとの比較を行ったものである。

図 2.10 は，CCR の枠組みの全体像を図示したもので，4 つの次元が互いにどのように関わりあうかを示している。この枠組みの詳細と妥当性については以下の各章で論じていく。

教室ではこれら 4 つの次元がすべてつながりあっている。このため，効果的な学習とは，すべての次元がもつ要素が豊かに交ぜ合わされたものである。たとえば，子どもたちが，小規模な火災を遠隔探査で消火するロボットを科学，技術，工学，コンピュータ・プログラミングなどのさまざまな知識を使って，チームで開発するよう指示されたとする。この学習では，リーダーシップや協働のスキルの発揮が求められるし，プロジェクト遂行中に自分たちの学びがどれだけ進んだかをふり返るよう求められることもあるだろう。実際，世界の学校における学びの最良な事例では，必ずしもそう明言されておらずとも，こうした学びのさまざまな側面が統合された学習がすでに行われているのである。

さまざまな知識分野（伝統的知識と現代的知識）がスキル，人間性特徴，そしてこれらを通じて指導されるメタ学習方略と互いにどのように関わり合うのかは，図 2.11 のようなマトリクスの形で示すこともできる。このマトリクスは場所によって内容の濃淡にばらつきがあるだろう。

ここでの目的は，とてつもなく広い既存の教育目標を整理し，カリキュラムに関する明確で有用な考え方を作りだすことにある。教育の次元を特定することを通じ，我々はさらなる対話のための明確な構造を打ち立ててきた。この枠

Chapter 2　21世紀の教育目標

表 2.2　世界の枠組み間の共通点
出典：CCR

CCR	OECD Skills for Innovation（OECD イノベーションのためのスキル）	OECD DeSeCo（OECD コンピテンシーの定義と選択）	EU Reference Framework Key Competencies（EU・キー・コンピテンシー参照枠組み）	Hewlett Foundation Deeper Learning Competencies（ヒューレット財団・より深い学びのコンピテンシー）	P21.org（21 世紀型スキルのためのパートナーシップ）	ATC21S（21世紀型スキルの学びと評価プロジェクト）
知識	教科に基づくスキル	道具を相互作用的に活用する	外国語によるコミュニケーション 数学，科学技術 デジタルコンピテンシー 起業家精神	学問的内容	数学 理科 言語（国語） 言語（外国語） 経済，地理，歴史，政治・公民 芸術 情報リテラシー メディアリテラシー ICT リテラシー	情報リテラシー ICT リテラシー
スキル	思考や創造のスキル	異質な集団で交流する	母語によるコミュニケーション	批判的に考え，複雑な問題を解決する 協働的に動く コミュニケーションを効果的に行う	創造性 批判的思考 コミュニケーション 協働	創造性とイノベーション 批判的思考，問題解決，意思決定 コミュニケーション 協働（チームワーク）
人間性	行動的・社会的スキル，社会・情動的スキル	自律的に活動する	社会的能力と市民としての能力 自発性 文化的意識と表現	学問的な思考態度	柔軟性と適応力 自発性と自己主導性 社会的スキル，異文化間スキル 生産性と説明責任 リーダーシップと責任	人生とキャリア発達 シチズンシップ（地域と世界） 文化的意識と文化的能力 個人の責任と社会的責任
メタ学習		省察性	学び方の学習	学び方の学習	批判的な省察	学び方の学習 メタ認知

61

図 2.10　CCR の枠組み
出典：CCR

組みをガイドとして用い，また先人が教育について考えてきたことを整理することで，カリキュラムの根本的な再検討に取りかかることができる。

　個々の知識学問は，それと最も結びつきの強いスキル，人間性特徴，メタ学習方略の学びを含まねばならない。たとえば数学は，批判的思考力，レジリエンス，メタ認知を教えるのに最適だろう。これらのコンピテンシーの多くは，学校のカリキュラムにおいて独立したコースやモジュール[★2.15]で教えられるのではなく，むしろ，既存の学習活動のそれに適した部分に意図的に混ぜ込まれるべきである。実際，一般にこうしたコンピテンシーの学びは，具体的な知識の学びの文脈に根ざした形で行われた際に最もうまくいくものだろう。

訳注　★2.15：授業科目を小さなテーマごとに区分した単位。

	スキル				人間性						メタ学習	
©2014 Center for Curriculum Redesign 無断複写・複製・転載を禁ず	創造性	批判的思考	コミュニケーション	協働	マインドフルネス	好奇心	勇気	レジリエンス	倫理	リーダーシップ	成長的思考態度	メタ認知
テーマ（全体にわたって埋め込まれたもの） グローバルリテラシー・環境リテラシー・その他 （学際的知識）伝統的知識												
数学												
理科												
言語												
その他												
（学際的知識）現代的知識												
ロボット工学												
起業家精神												
ウェルネス												
その他												

図2.11　コンピテンシーマトリクス

出典：CCR

もちろん，子どもたちの学習体験はすべて，これらの次元にまたがった形で彼らの成長につながるだろう。また，これらの学習目標の一部（たとえば勇気）は，学校外の学習プログラムや体験活動で扱う方がより効果的かもしれない。さらに，中心的な次元や要素は変わらないが，このマトリクスでは，学習の段階が違えば，それに応じて子どもたちを異なる形で見ていく。

　これらの学習目標の多くはソクラテスや孔子にまでさかのぼるものであり，我々としては，まったく新しい考えを導入したなどと主張するつもりはない。そうではなく，すでに論じたように，ここでの目的は，とてつもなく広い現在の教育目標を整理・統合し，今，何を学ぶことが重要かを，より簡潔，より明確，より有用，より適切，そしてより順位づけされた形で体系化する方法を作りだすことにある。我々は学習に関する4つの次元とその要素の特定を通じて，現代において教育はどう変わるべきかをより深く議論するための共通言語を作ろうとしているのである。

　この枠組みを，子どもたちは今何を学ぶべきかを考えるためのガイドとして用い，先人が教育について考えたことをこの中に整理することによって，我々は，21世紀に学ぶ価値があるものの次元について，しっかりとした再検討を始めることができるのである。

● 原注 ··

19. Plato, *Plato in Twelve Volumes*, Vols. 5 and 6, trans. by Paul Shorey (Cambridge, MA: Harvard University Press, 1969).

20. Better Life Initiative,
www.oecdbetterlifeindex.org

21. United Nations, "Sustainable Development Goals,"
https://sustainabledevelopment.un.org/topics

22. 社会進歩指数
http://www.socialprogressimperative.org/data/spi/definitions

23. テクノロジー，文化，国際平和と安全，世界秩序，惑星と気候，繁栄と平等性，健康と心身の幸福。
www.goodcountry.org/overall

24. たとえば，ブータンの国民総幸福量指数（Bhutan's Gross National Happiness Index：www.gnhc.gov.bt/）や地球幸福度指数（the Happy Planet Index：www.happyplanetindex.org）

25. Oscar Vedder, Sandra Bouwhuis, and Ben C. Sheldon, "Quantitative Assessment of the Importance of Phenotypic Plasticity in Adaptation to Climate Change in Wild Bird Populations," *PLoS Biology* 11, no. 7 (2013), doi: 10.1371/journal.pbio.1001605

Chapter 2 21世紀の教育目標

26. J. E. Barker et al., "Less-Structured Time In Children's Daily Lives Predicts Self-Directed Executive Functioning," *Frontiers in Psychology* 5 (2014).

27. 遊びのような子ども主体の活動は含まれていない。しかし，それは非常に重要である。

28. J. Burton, R. Horowitz, and H. Abeles, "Learning In and Through the Arts: Curriculum Implications," in *Champions of Change: The Impact of the Arts on Learning*, The Arts Education Partnership, 1999, 35-46.
http://files.eric.ed.gov/fulltext/ED435581.pdf

29. UNESCO,
www.unesco.org/new/en/education/themes/strengtheningeducation-systems/quality-framework/desired-outcomes/competencies

30. CCR が，どのような論理で用語選択を行ったかについては Appendix を参照のこと。

31. CCR は 1 つの考えだけを推奨しているのではない。自分たちの見方の理解と他者の見方を含むより大きな全体像の理解を促しているのである。

32. D. Silver, M. Saunders, and E. Zarate, *What Factors Predict High School Graduation in the Los Angeles Unified School District* (Santa Barbara, CA: California Dropout Research Project, UCLA, 2008); also see C. Adelman, *The Toolbox Revisited: Paths to Degree Completion from High School Through College* (Washington, DC: U.S. Department of Education, 2006).

33. Global Education Leader's Partnership,
http://gelponline.org/gelp-community/jurisdictions/british-columbia

34. Edward O. Wilson, *Consilience: The Unity of Knowledge* (New York: Vintage, 1999), 294.

35. OECD は「Education 2030: the OECD Key Competencies Framework」と称する新たなプロジェクトをすでに発足させている。このプロジェクトで OECD は，カリキュラムの国際比較分析を通じて，新しいコンピテンシー枠組みの開発を行うことを意図している。このグローバルな枠組み作成プロジェクトは，未来に向けて育成すべき重要で適切なコンピテンシーの順位づけなどを行い，各国のカリキュラム改革の再検討を支援することを目指している。

36. OECD Skills for Innovation, OECD DeSeCo, OECD Social & Emotional Skills, OECD PISA, OECD PIAAC, EU Reference Framework Key Competencies, UNESCO Global Citizenship Education, P21 (the partnership for 21st century skills learning), ATC21S (Assessment and Teaching of 21st Century Skill), Asia Society/CCSSO, Hewlett Foundation Deeper Learning Competencies, ACT WorkKeys (WK)–NCRC Plus–CWRC Skills Assessments, CPS Employability Assessment (EA), AAC&U Essential Learning Outcomes (LEAP), CCSSO —Innovation Lab Network (ILN) State Framework, National Work Readiness Credential, CAE College & Work Ready (CWRA) & Collegiate Learning Assessment (CLA), EnGauge, Character Counts! Coalition, CharacterEd.Net,Character Education Partnership, Facing History and Ourselves, KIPP Schools, Center for the Advancement of Ethics and Character, Collaborative for Academic, Social, and Emotional Learning, The Jubilee Center for Character and Virtues,Young Foundation, China Ministry of Education,Singapore Character and Moral Education (CME), South Korea Moral Education, Swedish National Agency for Education, Thailand Philosophy of Sufficiency Economy.

Chapter 3
知識の次元

知識 —伝統的なものと現代的なもの

3学　　　　　　　　　4科

伝統的知識に関する学問マップの進化

　教養ある人間が学ぶべき重要な知識に関する学問分野（discipline）をまとめる試みは，6世紀にまでさかのぼる。かつての西洋社会で定式化されたもののうち最も影響力があったのは3学（Trivuum）と4科（Quadrivium）である。これは古代ギリシャの教育理論を中世に復活させたものであり，大学教育にお

ける自由7科（seven liberal arts）を文法，論理学，修辞学，天文学，幾何学，算術，音楽と規定するものであった。

　この自由7科を修めた者は，当時の専門職に関する学問である哲学，神学，法律，医学をさらに学ぶ資格を得ることができた。高等教育で目指すべき知識は数世紀にわたり発展してきたが，教養科目（liberal arts）を必修として置くというアプローチは，現代でもなおさまざまな形で世界中の大学に残っている。図3.1は現在のコロンビア大学における卒業のための必修科目を示している。

　米国の中等教育で扱う学問分野のスタンダードは，ハーバード大学の学長チャールズ・エリオット（Charles Eliot）を代表として全米教育協会（National Education Association）の後援で設立された10人委員会（the Committee of Ten）の手によって，1893年に初めて確立された。彼は，おもに大学学長や学部長を委員長とした教育専門家からなる10の委員会を招集し，公立中学校の標準的なカリキュラムの要件を規定することを委託した。

コース	履修学期数
人文科学・文学（Literature Humanities） 　西洋の著名な文学作品を概観するセミナー	2
現代文明（Contemporary Civilization） 　西洋の著名な哲学と社会理論を概観するセミナー	2
人文科学・美術（Art Humanities） 　西洋の著名な美術作品を概観するセミナー	1
人文科学・音楽（Music Humanities） 　西洋の著名な音楽作品を概観するセミナー	1
大学ライティング（University Writing） 　大学レベルの文章スキルを習得するためのセミナー	1
外国語（Foreign Language） 　最低でも中級レベルの外国語を身につけるための選択必修科目	4
科学の最前線（Frontiers of Science） 　"科学的思考"を身につけるための講義およびセミナー	1
その他の科学（Other Science） 　自然科学の学問分野に関する選択必修科目	2
グローバール・コア（Global Core） 　他の必修科目におけるヨーロッパへの偏りを低減する選択必修科目	2
体育（Physical Education）	2

図3.1　コロンビア大学の必修科目
出典：コロンビア大学

こうした草分け的な学問分野のスタンダード（ギリシャ語，ラテン語，および他の特定言語の必修科目を除く）は，程度の差こそあれ，今なお多くの教育システムにおいて中学校の必修科目に反映されている。図 3.2 は 10 人委員会の成果の概要を示したものである（p は必要な授業時間数を表す）。

また，百科事典の発展と現代図書館学の誕生も，表 3.1 にまとめた，より高度な知識の体系のように学問分野の整理につながった。

情報化時代の到来にともない，知識が膨大に生みだされるようになり，その知識にアクセスすることも飛躍的に容易になった。このため今や，複雑に広が

10 人委員会の報告書における表Ⅲ

中等学校 1 年		中等学校 2 年	
ラテン語……………………………	5p	ラテン語…………………………	4p
英文学，2p ⎫		ギリシャ語………………………	5p
英作文，2p ⎭ ……………………	4p	英文学，2p ⎫	
ドイツ語（またはフランス語）………	5p	英作文，2p ⎭ ……………………	4p
代数学 ……………………………	4p	ドイツ語，継続……………………	4p
イタリア・スペイン・フランスの歴史…	3p	フランス語，新規…………………	5p
応用地理学（ヨーロッパ政治－大陸と		代数学*，2p ⎫	
海洋の動植物）…………………	4p	幾何学，2p ⎭ ……………………	4p
	‾‾‾‾	植物学または動物学………………	4p
	25p	1688 年（名誉革命）までのイギリスの	
		歴史……………………………	3p
			‾‾‾‾
			33p
		＊簿記か商業算術のいずれか	
中等学校 3 年		中等学校 4 年	
ラテン語…………………………	4p	ラテン語…………………………	4p
ギリシャ語………………………	4p	ギリシャ語………………………	4p
英文学，2p ⎫		英文学，2p ⎫	
英作文，1p ⎬ ……………………	4p	英作文，1p ⎬ ……………………	4p
修辞学，1p ⎭		英文法，1p ⎭	
ドイツ語…………………………	4p	ドイツ語…………………………	4p
フランス語………………………	4p	フランス語………………………	4p
代数学*，2p ⎫		三角法　　　 ⎫	
幾何学，2p ⎭ ……………………	4p	高等代数学　 ⎭ ……………………	2p
物理学……………………………	4p	化学………………………………	4p
イギリスとアメリカの歴史…………	3p	歴史（集中講義）と民政…………	3p
天文学，3p　前期 ⎫		地質学または自然地理学，4p　前期 ⎫ …	4p
気象学，3p　後期 ⎭ ……………	3p	解剖学，生理学，衛生学，4p　後期 ⎭	
	‾‾‾‾		‾‾‾‾
	34p		33p
＊簿記か商業算術のいずれか			

図 3.2　必修コース
出典：10 人委員会の報告書

表 3.1 知識の分類

出典：CCR

大プリニウスの百科全書（紀元 79 年）	フランシス・ベーコンの百科全書（1620 年）	ブリタニカ百科事典（1971 年）	デューイ十進分類法（1876 年）	米国議会図書館の分類法（1897 年）
博物学	自然	物質，エネルギー	総記，コンピュータサイエンス	総記
建築学	人間	地球	哲学，心理学	哲学，心理学，宗教
医学	自然に対する人間の行動	生命	宗教	歴史補助学
地理学		伝記	社会科学	世界史
地質学		社会	言語	アメリカ史
		芸術	純粋科学	他国の歴史
		科学技術	科学技術	地理学，人類学，娯楽
		宗教	芸術，娯楽	社会科学
		歴史	文学	政治学
		諸分野	歴史，地理学	法律
				教育
				音楽
				美術
				語学，文学
				自然科学
				医学
				農業
				科学技術
				軍事学
				海事学
				図書館学

り続ける知識の海を航海するには，それを助けるより革新的な新しい知識マップが必要である。

　現在では，ビックデータやクラウドコンピューティング，人工知能，可視化技術のような新技術を使って，多種多様な新しい知識の表現が可能になっている。たとえば図 3.3 は，科学論文の間で領域を超えて参照した数（クリック数）をもとに，領域間の動的な関係をシミュレーションした結果を示したものである。このように知識マッピングと情報の動的表示の分野では，驚くべき新しい可視化技術が生みだされている。

　CCR は今後数年間，知識のスタンダードを一から再設計する取り組みの一

郵便はがき

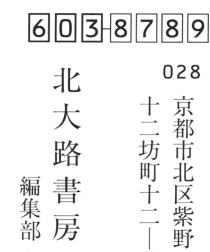

(今後出版してほしい本などのご意見がありましたら，ご記入下さい。)

《愛読者カード》

書　名	

購入日　　　年　　　月　　　日

おところ (〒　　　－　　　)

(tel　　　－　　　－　　　)

お名前(フリガナ)

男・女　　　歳

おなたのご職業は?　○印をおつけ下さい

(ア)会社員　(イ)公務員　(ウ)教員　(エ)主婦　(オ)学生　(カ)研究者　(キ)その他

お買い上げ書店名　都道府県名(　　　　　　)

書店

本書をお知りになったのは?　○印をおつけ下さい

(ア)新聞・雑誌名(　　　　　　　　)　(イ)書店　(ウ)人から聞いて
(エ)献本されて　(オ)図書目録　(カ)DM　(キ)当社HP　(ク)インターネット
(ケ)これから出る本　(コ)書店から紹介　(サ)他の本を読んで　(シ)その他

本書をご購入いただいた理由は?　○印をおつけ下さい

(ア)教材　(イ)研究用　(ウ)テーマに関心　(エ)著者に関心
(オ)タイトルが良かった　(カ)装丁が良かった　(キ)書評を見て
(ク)広告を見て　(ケ)その他

本書についてのご意見 (表面もご利用下さい)

このカードは今後の出版の参考にさせていただきます。ご記入いただいたご意見は
無記名で新聞・ホームページ上で掲載させていただく場合がございます。
お送りいただいた方には当社の出版案内をお送りいたします。

※ご記入いただいた個人情報は、当社が取り扱う商品のご案内、サービス等のご案内および社内資料の
　作成のみにご利用させていただきます。

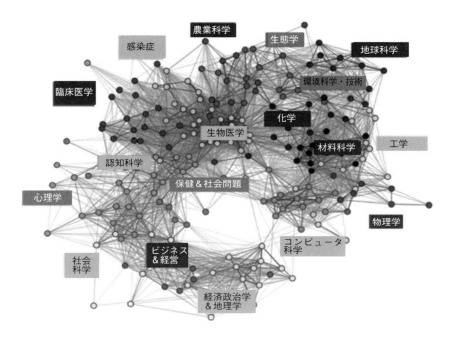

図 3.3　科学的関連分野のネットワークによる視覚表現
出典：Ismael Rafols, Alan L. Porter, and Loet Leydesdorff, "Science Overlay Maps: A New Tool for Research Policy and Library Management," *Journal of the American Society for Information Science and Technology* 61, no. 9 (2010): 1871–1887.

環として，学問の分野内・分野間の関係を説明する知識マップ作りを行う予定である。さまざまな知識分野の相互の関係を知ることは，深い理解を成し遂げる合理的かつ効果的な学びの進め方を見いだすことにつながるだろう。熟達の研究や，理解の認知的基盤に関する研究は，子どもの頭の中にある概念のネットワークの重要性を指摘しているが，知識領域間の結びつきに注目し，それをたどることは，これらの研究とも整合するだろう。

伝統的学問分野を適切性の観点から吟味・整理する

世界の大半の教育システムで教えられてきた伝統的学問分野は次の通りである。

・数学

- 理科
- 言語 – 母国語
- 言語 – 外国語
- 社会（歴史，地理，公民，経済など）
- 芸術（音楽を含む）
- ウェルネス（とりわけ体育が多い）

　多くのカリキュラムでは，利用可能な時間のほとんどがこうした伝統的学問分野の学びに費やされ，その中の新しい主題やトピック，より現代的な学問分野，そしてスキル（skills）や人間性（character）の育成，メタ学習（meta-learning；Chapter 6「メタ学習の次元」で論じる）のための時間はほとんど残されていない。これは子どもや教師の不満につながる。なぜならば誰もがみな，個人や社会に必要なものとして伝統的知識以上の学びが求められていることを直感的によくわかっているからである。しかしながら，学問分野のスタンダードおよびそれに対応する教育評価の大幅な見直しは未だ行われておらず，状況は過去数十年，ほとんど変わっていない。カリキュラムを削減したり，吟味・整理したり，再設計したりするどころか，それはますます過密になるばかりである。

　また，この伝統的システムでは，理解の深さや知識をコンピテンシー（スキル，人間性，メタ学習）をもとに使う力よりも，（テスト可能な）知識の量の方が重視される傾向にある。では教育システムが，雇用適性（employability）を含む，個人の自己実現や社会の進歩のための目標と結びついたものとなったら，どうしたらよいだろうか。そのためには，何が21世紀に最もふさわしく，何がそうでないのかという，難しい選択をしなければならない。

　では，伝統的学問分野における重要な事柄を，学問としての厳密さを保ちつつ，より柔軟なものへと見直すにはどうしたらよいだろうか？　また，事実ややり方の知識をインターネットですぐ手に入れられることをどのように考慮したらよいだろうか？　さらに，ふさわしくない内容を慎重に切り詰め，21世紀に必要な現代的知識やコンピテンシーの学びの時間を作るためにはどうしたらよいのだろうか？　その答えは，あらゆる学問分野を切り分ける4つの方法を吟味し，何が重要な要素かを特定することで見えてくる。以下，この考え方

Chapter 3 知識の次元

を，おもに数学を例として簡単に説明する。

1. 概念とメタ概念[38]

　直接役に立つものであれ，世界の見方を豊かにするものであれ，子どもた
ちが一生使い続ける概念（concept）は何だろうか。ある学問分野にとって
欠かすことができない大切な概念，子どもたちが学校を卒業した後にも長く
頭に残る概念は何だろう。

　数学におけるその1つの例は，おそらく変化率（rate of change）だろう。
多くの子どもたちは，この概念をまず「傾き」として学習し，その定義を
「垂直移動分を水平移動分で割ったもの」として覚え，ある直線の情報が与
えられると，すぐにそれを見いだすことができるようになる。物理学におい
て，位置，速度，加速度の関係を考える時には，変化率はますます重要になる。
これらはそれぞれ1つ前のものの変化率であり，それにより，これらの構成
概念がいかに関連しあっているかがよくわかるのである。変化率は科学の随
所で出会う概念であるが，抽象的な形では，STEM（Science, Technology,
Engineering, Mathematics）領域に進まず，日常生活で数学を必要最低限
にしか使わない者にとっても役に立つ。変化率が重要なのは，それが変化を
正確にとらえるための考え方であり，変化はこの世界の至るところに存在す
るものだからである。たとえば，エボラ出血熱のような病気の蔓延について
考える際には，疫学者でない人でさえ，自分が健康でいられるか，安全でい
られるかを判断するために，その変化率を知る必要があるだろう。このよう
な真に大切な概念を吟味・整理した優れた事例に，アメリカ科学振興協会
（American Association for the Advancement of Science）の Project 2061
がある。このプロジェクトでは，どの科学的概念を修得すべきかを年齢グル
ープごとに示している[39]。

　メタ概念（meta concept）とは，学問のある主題に限定的な概念ではなく，
むしろ学問分野全体にかかる概念や，時には分野を越えて他の学問へも及ぶ
概念のことである。数学におけるメタ概念の1つは「証明」である。揺るぎ
ない証明の考え方は，数学全体はもちろん，数学の領域を越えても応用可能
である。たとえば哲学では，論拠を重ねて主張を行うことや，他者の意見に

73

ついて論理の飛躍や根拠のない主張がないかをチェックしながら批判的に吟味することを学ぶ。そして，こうした論理的思考は，不当なクレームから政治的レトリックまで，公的な場でなされるさまざまな主張を精査する際にも使えるものである。

2. プロセス，メソッド，ツール[40]

プロセス（processes）とは，あらゆる学問にとってその全体像をなす要素であり，その内容は領域ごとに大きく異なる。たとえば，数学ならば，プロセスは次のようなものだろう[41]：数学的に問いを立てる→数学的概念，事実，手続き，思考を用いる→結果と結論の解釈をする。

プロセスはさらにメソッド（methods）に分けることができる。メソッドとは，学問分野内の思考技能のことであり，たとえば，数学では，その1つとして「分割統治法」（divide and conquer）と呼ばれるものをあげることができる。これは，難しい問題をいくつかの部分問題に分け，それらを個別に解いていくというものである。このメソッドは，あらゆる学問や仕事，そして現実世界での多くの課題の解決に重要である。たとえば，本を書こうとする場合には，まずアウトラインを作成した上で各々の部分に個別に取り組み，最後に各部分を合わせて，一冊のまとまった本に仕上げるだろう。

最後にツール（tools）とは，九九の表を使うことのように，最も小さな単位のメソッドのことである。

3. 分野，主題，トピック[42]

分野（branches），主題（subjects）およびトピック（topics）は，古くからある学問分野の分け方である。分けられたものの中には，この変化する世界と多少なりとも関連するものもある。では，この先ますます重要になるものは何だろうか。数学ならば，それにふさわしい新しい分野として，「囚人のジレンマ」[★3.1]（the Prisoner's Dilemma）のようなトピックを含み，

訳注　★3.1：複数の主体（例：共犯関係にある囚人）がみな協力（例：黙秘）すると全員が利益を得られるが，誰かが裏切ると（例：司法取引），裏切り者が大きな利益を得る一方で，協力した者が損失を被るような状況のこと。ゲーム理論が対象とする代表的なゲーム状況。

「ゲーム理論」[★3.2]（game theory）のような主題を含む「離散数学」（discrete mathematics）をあげることができる。これらのトピックは個人や社会が向き合うさまざまな問題と関連するだろう。たとえば，スポーツにおけるドーピングは囚人のジレンマの一例である。なぜならば，競争関係にある２人の選手がともに増強薬を使用しないならば，それはその方がよいが，もしそのうちの１人が服用するならば，もう１人は負けることになってしまうからである。他にも経済活動の例がある。広告を出すことは会社にとってお金のかかることであるが，かといって他の会社が広告を出しているのに自分たちがそれをしないならば，顧客を失うことになってしまうだろう。

4. 構成概念をより学際的にする方法

　知識は学問分野を越えて転移（transfer）可能なので，他の知識分野との関係を明確にすることを考えるのは自然なことである。概念やメタ概念，メソッド，ツールが学際的に使えるものであることを強調することは，概念を例示し，それを子どもたちに自分と結びつけてとらえさせるための強力なやり方である。たとえば，数学の指数関数は，複利（金融論）や金融バブル（歴史，社会学），さらにはバクテリアの成長（生物学），資源の枯渇（環境リテラシー）などとともに教えることができるだろう。

　一方で，こうした切り分けを通じて伝統的学問分野を再編するなど，不可能であるように思えるかもしれない。教育における知識構造が現在のようになっているのは，多くの概念があまりにも複雑なため，それらを効果的に指導するには，扱いやすいまとまりに分割しなければならないからだと主張する人もいるだろう。そうした人たちは，時間とともに深いパターンが見えてくるためには，その構成要素を一度しっかりと理解する必要があると言う。たとえば，生態系を本当の意味で学び，理解するためには，生物的要素，非生物的要素とは何かや，生産者，一次消費者から二次，三次，四次消費者，分解者までの食物連鎖の各レベルを理解することが欠かせないのだと言うだろう。

訳注　★3.2：利害の相反する複数の主体が，それぞれ自己の利得を最大ならしめるように行動する状況における行動についての理論。

しかしながら，これらの語彙は実際には，仕事として生物学を学び続けるのでもない限り，生物の授業以外では役に立たないだろうし，また，その場合もいずれにせよ，それらを学び直すことになる。このことは多くの仕事に当てはまる。仕事では，職務をこなすために知っておくべきことの大半が，実地研修（on the job training）でカバーするのである。また，現在わかっていることも変わり続けることを考えると，ある教科についてその詳細をすべて知ることは不可能であるし，一方で，我々はインターネットを通じて，知りたいことは何でも簡単に最新情報にアクセスできる。こうしたことから，できるだけ多くの内容を学ばせることを，学校における教科教育の目標とすべきでないことは明らかである。また別な問題もある。上にあげたような概念は，それ自体の本質的価値（intrinsic value）を教えられず，むしろ，その後に出てくる概念やトピックの学びに対する道具的価値（instrumental value）のために教えられることが多い。そのため，子どもたちはその知識を学び，覚えることに大変な苦労をしている。

　では，生物学者にはならないが，学習内容を意味ある形でしっかりと学んだ子どもの頭の中に残るものは何であろうか。おそらくそれは，生物が階層構造や競争・協力のネットワークへと自己組織化し，そのすべてが生物の間を伝わる太陽エネルギーを利用していることや，そこから得られる，我々人間が環境と相互作用する姿についての示唆であるだろう（今後数年間，CCR は各領域の専門家たちとともに，これらの側面をはっきりさせる仕事をする）。こうした概念は伝統的な構造の中にちゃんと含まれているが，それらは詳しい内容が書かれた段落や章の結論の中に隠れていることが多く，たいていの場合，子どもたちは学ぶべき内容の多さを前にうんざりしてしまっている。学習の目標を，ある主題やトピックの内容すべてを網羅することに焦点を当てたものから，その重要な側面を意味ある形で理解することに改めることで，子どもたちの理解や記憶，そして学習体験をより良いものにすることができるだろう。

　各授業は本質的価値をもっている。そして，次の授業や大学での学びに必要だからという理由で教えられるのでなければ，子どもたちは，道具的価値のために頑張ろうとするのでなく，内容との関わりの中でその本質的価値を理解することができるだろう。すべての子どもは，将来の専門が何であれ，それぞれ

の学問分野の中心的な概念やプロセスについて考えたことを土台として，専門家とやりとりができるだけの基礎をもつことになる。

この時点で，なぜ伝統的知識を学問分野ではなく，ビッグアイディア[★3.3]（big idea）などに沿って再編しないのか？と疑問に思う人もいるかもしれない。答えを一言で言うと実現性がないからである。教育は世界中で学問分野に沿って分けられている。我々は教育内容を一新することや，学際的なものにすることを主張しているが，現段階で学問分野の大規模な削減を実現するのは，途方もなく大変であることもわかっている。[43]もちろん，コンピテンシーに焦点が向けられるようになってきたことに支えられ，いずれは何らかの変化が起こるよう，さらに検討していく必要があるのは明らかである。伝統的な学問分野で学ぶべきことの骨子を説得力あるものに変えていくためには，上にあげた問題のすべてを考慮しながらボトムアップ的に再設計を行うことが欠かせないだろう。

価値の 3 側面

上記の議論に加えて，各教科領域には 3 つの側面の価値（value）があることを心に留めておく必要がある。

- 実用的側面（practical）：子どもたちは，概念とメタ概念，プロセス，メソッド，ツール，そして分野，主題，その主題のトピックを，彼ら自身の日常生活や将来見込まれる多くの仕事のために学ぶ必要がある。
- 認知的側面（cognitive）：ある教科を学ぶことで，批判的思考（critical thinking）や創造性（creativity），人間性の発達のようなより高いレベルの思考の力が高められる。そして，これらのスキルは他の教科や文脈へと転移していく。
- 情緒的側面（emotional）：それぞれの教科は，固有の美しさ（beauty）と世界を理解する力を有している。その深い美しさは，人類の偉大な成果の 1 つであり，学びの動機づけの源としての役割を果たすので，それを子どもたちに伝えるべきである。

訳注　★3.3：バラバラな事実やスキルに意味を与え，関連づけるような概念やテーマ，論点のこと。重大な観念。http://www.authenticeducation.org/ae_bigideas/article.lasso?artid=99

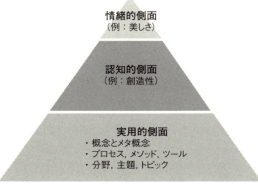

図 3.4 価値のピラミッド
出典：CCR

　これら3つの層は，程度の違いこそあれ，いずれの学問分野にも当てはまるものである。このうち大まかに言うと，学問分野の実用的側面こそが世界の変化とともに最も変わらねばならないものである。人類の重要な知識基盤は増え続け，仕事に必要な知識も変わり続ける。かつて優れた実用的価値をもっていたものもすぐに時代遅れになってしまう。我々は，現在教えられている教科が実用的に重要なものかについて，意識して注意深く検討しなければならない。

　ある教科がその実用的用途を越えて，認知的に役立つものであるかどうかは，学習科学で検証されるべき問題である。ある種の教科には，他に比べてより深い転移効果（transfer effect）があると考えられるが，こうした仮説は厳密に検証されなければならない。我々は，古くから言われていることや個人的体験ではなく，根拠に基づいて行動すべきである。

　最後に，ある学問分野の固有の美しさである情緒的次元であるが，それはある程度，人それぞれのものだろう。しかし，ある学問の美しさは，その実用的側面，認知的側面が扱われた後でしか教えることができないと考えるべきではない。美しさは，あるトピックを追究する動機づけをもたらすものであることが多い。これらの3つの側面は同時に学習可能なものなのである。

　現在CCRは，これらの側面に沿って各々の学問分野を注意深く検討する作業を行っている。したがって，ここでの議論は最終的な成果を反映したものではない。

現代的（学際的）な知識

　世界中の教育カリキュラムの現状を調査し，また，現代において新たに必要とされることを検討する中で次第に見えてきたのは，知識目標の大幅なアップデートが長い間ずっと懸案となっているということである。21 世紀に必要な知識を子どもたちが身につけられるよう，分野横断的なテーマ[44]に関する概念，メタ概念，メソッド，ツールに焦点を向けた新しい現代的・学際的な主題，分野，トピックを教育に導入することが求められている。

　世界では大きな変革が起きており，それに対応した特定のトピックやテーマに注目していく必要がある。それらのトピックやテーマは一部の伝統的な主題，分野，トピックや，現代的なそれによって，うまく教えることができるだろう。しかしながら，そうした主題の内容を教えさえすれば，おのずと世界の変化に子どもたちを備えさせることになるわけではないことに注意しなければいけない。それぞれのトピックや主題の適切な学習成果は何かをよく考えて，その重要性を強調することが大切である。以降では「2020 年の知識予測」(Knowledge Forecast 2020)[45]が予測した世界の変化と，それと関連したトピック・テーマ，知識分野，学習成果について概説する。ここで示す表は網羅的なものではないが，うまくいけば，これら新たな課題への対処の助けとなるカリキュラムの再設計や学際的知識の種類を示すのに役立つものである。

　「うまくいけば」というのは重要な但し書きである。というのも，ここで述べる現代的な知識分野はすでにさまざまなプログラムであれこれ教えられているが，その成功の程度にはばらつきがあるからである。例えば，昔ながらの講義中心の心理学の学びで人間の認知の歪みについて勉強しても，それにより行動が変化することはほとんどない。それを確実にするのは，適切な学習目標と効果的な実践[46]へ注目することだろう。ここで示す表は，さらなる対話と分析の出発点としての意味がある。CCR はここで示された考えを綿密に肉付けしていくことを今後の仕事として引き受ける予定である。

表 3.2　寿命の延長
出典：CCR

トピック・テーマ	知識分野（伝統的・現代的）	学習成果
個人の健康	ウェルネス（栄養，運動，スポーツ，マインドフルネス，運動感覚，他）	ウェルネスの自己管理，健康に関する知識とその実践
職業選択，雇用適性，リテラシー	金融リテラシー 経済学	金融意識と責任 キャリア意識と自己実現

寿命の延長

　人間の平均寿命が延びることは，労働人口の増加，企業における専門化の深まり，世代間の相互作用の拡大，改革への抵抗が増える可能性，そして医療や年金制度拡充の必要性など，社会のダイナミクスに包括的で大きな変化をもたらすだろう。

　このことはまた個人や経済に対しても，生涯でより多くの職につくようになるなどの影響を与え，その結果，新旧世代間で資源配分をめぐる争いが生じる可能性もある。こうした変化のもとでは，違う世代の人々への思いやりの心や，高度な共同体意識，すなわち，個人の要求と社会の要求とをみながうまく両立させるべきだという思考態度（mindset）が求められるだろう。

　注記：「うまくいけば」と但し書きで強調したように，この節の表で取り上げた学習成果はまた，Chapter 7 の「"どのように"について簡潔にふれる」に記載した実践を通じて深められるだろう。

つながる人々，つながる組織，つながる惑星

　現在，世界の人々が急速に結びつきの度合いを高めており，それにより，情報やアイディアが広がる速度の増大や人々の相互作用の規模の高まりなど，多くの複合的な効果がもたらされている。今やある考えが書かれてから，それがインターネット・ミームとしてネット上を拡散し，ある種の運動となって，数千人規模のデモへと変化するまで，わずか数日しかかからない。この高度につながり合った世界で成功するためには，文化の多様性に対する寛容さや実践力，世界的な視野，そして，そうした多様性を世界の課題を創造的に解決することに活かす能力が必要である。

Chapter 3　知識の次元

表3.3　つながる人々
　　　　出典：CCR

トピック・テーマ （テーマは＊で示す）	知識分野（伝統的・現代的）	学習成果
社会的スキル 情動知性	心理学 社会学 人類学 政治学 世界史 公民とグローバル・シチズンシップ 比較宗教学 世界の音楽と演劇	他者の思考，気持ち，視点，動機 の理解 さまざまな文化的違いを越えた ヴァーチャルかつ直感的な協働と チームワーク
＊グローバルリテラシー	文化研究（地理，世界史，民俗学， 音楽，他） メディアとジャーナリズム 外国語と言語学 国際ビジネスと経済	グローバルな視点：グローバルな 出来事や文化的慣行，さまざまな 文化におけるふるまいの理解
＊システム思考	数学（複雑系） 統合された学問（ロボット工学， バイオシステム，ビジネス，他） 環境と生態学的研究 未来学	相互関連性 因果関係 環境的な相互作用 予測

スマート機器・システムの台頭

　スマート機器（smart machines）とは，人間にしかできないと考えられて
いた複雑な知的作業を遂行可能なテクノロジーのことである。スマート機器の
発展と広がりは，仕事や商品生産の自動化の拡大をもたらしてきた。そして次
に労働市場に劇的な変化を引き起こし，雇用や収入の格差をともなう不安定な
経済をもたらしつつある。そしてそれとともに，我々をテクノロジーに対する
過剰な依存へと追いやり，今では我々の処理能力や主体性を低下させつつある
かもしれない。

　これらの変化は，テクノロジーに関する専門知識，そして自動化できないス
キル（統合や創造性など）を重んじる状況をもたらしてきた。また同時に，消
費を控えて，より創造的にという気持ちを高めており，人間とテクノロジーの
より主体的なバランス（何を，いつ，どのようにテクノロジーに頼るのかをコ
ントロールすること）をもたらす，DIY（do-it-yourself）的なモノづくり思考
態度（maker mindset）[47]をもつことにもつながっている。

81

表 3.4　スマート機器に関するトピックとテーマ
出典：CCR

トピック・テーマ （テーマは＊で示す）	知識分野（伝統的・現代的）	学習成果
＊デジタルリテラシー	コンピュータ科学 プログラミング 工学 ロボット工学 合成生物学 モノづくり・DIY スキル （例：３Ｄプリンターやレーザー カッターの使用）	コンピュータ的思考（論理，再帰 性，他） データ収集と分析
＊デザイン思考	顧客調査 デザインと試作 プロジェクト管理 起業家精神	批判的・創造的思考 複雑なプロジェクトのあらゆる局 面において誠実であること
総合・統合	書く（文学，ジャーナリズム， 技術文書） 研究	プロジェクトを定義し，計画を立 て，複雑なプロセスを遂行し，そ の結果を評価し，明らかになった ことを正確，明瞭に示す能力
倫理的思考態度	哲学（倫理学）	倫理的ふるまい 自己省察

ビッグデータと新しいメディア

　デジタル技術の出現と新しいメディアによるコミュニケーション手段の広が
りによって，それまで中心であった文字のみのコミュニケーションは次第に行
われなくなってきた。かつて限られた人だけのものであった画像や動画の使用
は，今やオンライン・コミュニケーションの大部分を占めている。今後は仮想
現実（virtual reality）の技術がどんどん加えられていくので，子どもたちは
そうした世界の中で新しい方法でコミュニケートすることを想定しなければな
らない。

　ビッグデータ，すなわち膨大な情報を蓄えることで重要なサービスを提供す
るオンラインシステムを日常的に使用することは，とてつもない利益と不安を
もたらすことになる。何百万という人々がもたらす巨大なデータセットは，シ
ミュレーションやモデルを作りだすことを可能とし，それにより複雑な社会の
ダイナミクスやパターンをより深く理解し，究極的には，根拠に基づいたより
良い意思決定支援もできるようになる。その一方で，こうしたビッグデータの

Chapter 3　知識の次元

表3.5　メディアリテラシーに関するトピックとテーマ
出典：CCR

トピック・テーマ （テーマは＊で示す）	知識分野（伝統的・現代的）	学習成果
ビッグデータ分析	統計と確率 コンピュータ 科学・工学	学習や意思決定のために大規模で複雑な データを活用する方法の理解 人間と機械学習の違いを知ること
メディアリテラシー	映像撮影とメディア制作 マーケティング，広告，販売	メディアを用いて説得力のあるメッセー ジを伝えること 説得術 デジタル空間における自己アイデンティ ティやブランディングした自己の管理
＊デジタルリテラシー	情報テクノロジー	デジタルフットプリントへの深い意識 デジタル技術の限界を理解しつつ，それ をうまく操る術を知ること
＊情報リテラシー	心理学 社会学 人類学 世界史	動的な心性をもち続けること 文化のレンズの働きを考慮すること 不都合な証拠を敬遠しないこと

収集と利用は，プライバシーやセキュリティの問題，なりすまし詐欺やその他
さまざまな個人情報の悪用などの問題を引き起こしている。

　こうしたネガティブな可能性を抑えつつ，ビッグデータの良い面を享受する
ためには，高いレベルのメディアリテラシー，公的機関や個人による厳しい審
査，そして，増加の一途をたどる個人データの収集に対し，その悪用の可能性
を常に警戒し続ける態度が必要だろう。

環境へのストレスと需要

　先に論じたように，人間社会は空前のペースで環境資源を使用し，かつてな
いほどの消費と廃棄を繰り返している。我々のテクノロジーはこれまでにとて
つもない量の食料やエネルギー，物質資源を自然界から引き出してきた。科学
者らは，人間は"地球（植物）の潜在的生産物の約40％"を自分たちのため
に使っていると計算している。[48] さらに我々は，何億年も前の動植物の遺体（石
炭と石油）をほんの数世紀という比較的短い期間で採掘している。もしテクノ
ロジーがなければ，我々は10億の人口すら支えることはできなかったろうし，
ましてや70億を超えてまだ上昇中の人口を支えることなどとうてい不可能で

表3.6　環境に関するトピックとテーマ
　　　　出典：CCR

トピック・テーマ （テーマは＊で示す）	知識分野（伝統的・現代的）	学習成果
＊システム思考	歴史（人間の相互作用の網） 数学（複雑系） 社会学 心理学 人類学 地理学 経済学	持続可能性と相互関連性 遅れてやってくる喜びと長期的思考 社会的視点 根拠に基づく説得力 持続可能性
＊環境的リテラシー	環境および生態学的研究	相互関連性 因果関係 生態学的な相互作用

ある。

　この傾向が続けば，資源の奪い合いが増えたり，日常生活に影響する資源不足がさまざまにもたらされたりするだろう。しかしながら，この状況はまた技術革新に関する研究開発の需要を高め，より環境にやさしい代替技術の開発につながる。こうした状況では，技術革新を追及する専門能力育成の力が試されるだけでなく，我々がそのふるまいを変え，より多様な資源利用，再利用，保護の方法を受け入れることを誓えるかも試されることになるだろう。

　人口動態の変化と移民の増加により，国や文化の中，間での協力や配慮がより求められるようになってきている。このことは，国家の経済的成果を狭義に測定した国内総生産（GDP）だけではない，成功の意味の新しいとらえ方や，協働性や多様さへの寛容さ，持続可能性など社会の進歩度をより反映した指標を取り入れたビジネスモデルの拡張を促している。また組織も，社会的な課題への倫理的アプローチで目標を達成する力をもつことが求められるようになってきている。

強化された人間

　補綴的[★3.4]，遺伝子的，薬学的なサポートや増進技術の進歩は，障がいと超人的な力の境界を曖昧にするとともに，人間の能力を再定義しつつある。それと同

訳注　★3.4：欠損した身体部位の形態や機能を人工物で補うこと。

Chapter 3 知識の次元

表3.7 強化された人間に関するトピックとテーマ
出典：CCR

トピック・テーマ （テーマは＊で示す）	知識分野（伝統的・現代的）	学習成果
手や体のスキルを通じた身体的基礎訓練	ウェルネス 工芸，ガーデニング，木工，料理，裁縫，モノづくり・DIY，他	身体技能の熟達と，体を使う作業に対する成長的思考態度
共感 集団的責任	ペットの飼育 他者のケア 心理学 社会学 人類学 世界史，公民／倫理 比較宗教学 未来学	ケアの習慣を身につけること より良い未来を設計するために，社会科学の研究成果を自分自身や今日の出来事の理解に活用すること 人類に共通性を見ていくこと
マインドフルネス メタ認知	哲学 公民／倫理 比較宗教学 芸術と自己表現	自己意識 自己調整 自己実現 自己超越 成熟 賢明

時に，仮想現実に関する技術革新の進展は，この世界における自己認識や主体性感に変化をもたらすかもしれない。

　人間の能力をめぐるこうした劇的な変化によって，サイバーパワーをもった人間の存在についての再考が必要となり，また，現実世界の感覚とデジタル世界のシミュレーションとが混ざる中で，アイデンティティのバランスを取り直す必要が生じている。

　こうした新しい学問分野や学際分野の教育を目指した多くのプログラムが存在する一方で，最大の課題はそれに焦点を当てる時間をどのようにカリキュラムの中に確保するかということである。すでに述べたように，伝統的な学問分野の教育がカリキュラムの中の利用可能な時間を使い切ってしまっているし，かといって，それらのみでは，21世紀に必要なコンピテンシーのすべてを教えるには十分でない。カリキュラムに隙間をつくるためには，伝統的な学問分野の目標，利点，適切性を見直し，時代遅れだったり，今ではあまり役に立たなかったりする部分を削らねばならない。

世界がよりつながりを増し，複雑化し，協働的になる中で，疑問や問題，課題に対し学際的にアプローチすることの必要性がますます高まってきている。子どもたちが知識分野へ深く入り込み，さまざまな考えを結びつけることができれば，学習もまた高められ，深くかつ広いコンピテンシーと知識理解を手に入れることができる。ハーバード大学のプロジェクト・ゼロ（Project Zero）の研究者であるヴェロニカ・ボア・マンシラ（Veronica Boix-Mansilla）によれば，「学際的な学びは，批判的思考のスキルや，知識，学習，探求についてのより洗練された理解，そして学習者の動機づけや没頭を高めることとつながっている」という。[49] 学際的な学びはまた，それが実世界から隔たっているように見えないため，伝統的知識分野からも必要とされるだろう。たとえば，ロボット工学は，機械工学や電気工学，コンピュータ工学だけでなく，物理や数学において対応する概念を教えるのに使うこともできる。

以下に示す現代的な学際知識分野は，21世紀型の教育アプローチに最も広く応用でき，最も深く関連したものとして，これまでに示した表の中から抽出したものである。

- テクノロジーと工学—コンピュータ科学，特にプログラミング，ロボット工学，人工知能学を含む
- 生体工学—特にゲノム編集と合成生物学
- メディア—（デジタル）ジャーナリズムと映画を含む
- 起業家精神と事業開発
- パーソナルファイナンス
- ウェルネス—身体と精神の両面
- 社会システム—社会学，人類学，他

重要な現代的学際知識分野は他にもきっとあるだろう。読者の意見やアイディアを歓迎する。

テーマ

　21 世紀の目標やコンピテンシー，現代的な学際知識分野，そして伝統的な学問分野の中のふさわしい内容に加えて，21 世紀のカリキュラムにはまた別の重要な側面がある。それはテーマ（themes）である。テーマとは，さまざまな伝統的，現代的学問分野を貫く，学びの共通成分のことであり，多くの教育管区や文化にとって重要なものとなっている。教師や子どもたち，カリキュラムの設計者は，重要な学習領域の中にさまざまな形でテーマを見いだすことができるだろう。CCR がこれまでに見いだした適切なテーマは，以下の通りである。

グローバルリテラシー[50]

　我々のグローバルなコミュニティは，いっそう互いに結びついたものとなっており，もはや一国の視点のみから学ぶのでは十分と言えない。21 世紀の教養人となるためには，すべての子どもが，各教科を世界中のさまざまな文化的視点[51]から学ぶ必要がある。たとえば，世界史には世界中の国の歴史が含まれているし，数学の授業では，西洋だけでなく，関連する東洋（アラブ，インド，中国）の数学者についても議論できる。そして，子どもたちは自身のもつ文化的なバイアスや視点について批判的に考えることを促され，他の視点を理解し，受容できるようになる。子どもたちがカリキュラムを通して学ぶべきは，個々の問題をグローバルな社会・文化的意味の文脈で見ることや，国際的な気づきを得ること，文化の多様性を深く理解できるようになることなのである。

情報リテラシー

　Google の最高経営責任者（CEO）であるエリック・シュミット（Eric Schmit）によると，現在我々は，文明の夜明けから 2003 年までの間に作りだしたのと同じだけの情報を 2 日ごとに作りだしているという[52]。科学論文の数は，毎年 7 ～ 9 ％増（複利計算）で増えており，それは科学的な研究成果がおよそ 10 年毎に 2 倍になることを意味する[53,54]。

図 3.5　情報リテラシーのツール
出典：The People's Science

多くの人がインターネットにおける情報検索のやり方を知っているが,そうした人たちが,見つけた情報を批判的に評価し,統合するのに必要な微妙な思考のスキルを理解しているかは定かでない。彼らが処理しなければならない,恐るべき量の情報のことを考えるとなおさらである。

「みんなの科学」(the People's Science)[55] のプログラムである 21 世紀の情報リテラシーツール (Twenty-First Century Information Literacy Tool : TILT) は,情報と関わり,実世界の文脈でそれを活用するための 6 つのコアスキルと感性を取り上げている。その目的は,図 3.5 に示すように,大量の情報を責任をもって吟味・整理し,評価し,利用可能な知識に変換するための力の概略を示すことにある。

TILT は,情報リテラシーのコアとなる力を次のように特定している。

・情報は少しずつ変わるものであることを理解し,常に新たな証拠を受け入れる動的な心性をもち続けること。

Chapter 3　知識の次元

- 情報の解釈や新しい考えの拡散には，社会・文化的なレンズが働いていると考えること。
- 情報に基づいて議論することは，複製，修正を通じて最終的な合意にいたる批判的で繊細な歩みであることを理解し，不都合な証拠についても敬遠しないこと。
- 情報が広まる共通アクセスポイントについて，情報源としての信頼性を見きわめること。
- ある証拠が，関連した知識からなるより広い世界の中でどのような位置にあるものかがわかるように，情報に基づく位置づけを行うこと。

　情報の生産量がかつてない速度で増大していることから，情報リテラシーのスキルは，あらゆる教科を通じ，すべての子どもたちにますます重要なものとなってきている。

システム思考

　科学的な学問や社会システムの理解は，複雑系[★3.5]（complex systems）の考えに収束しつつある（図 3.6 参照）[56]。これにより，20 世紀の西洋文化における機械論的，還元論的モデルから，よりバランスの取れたアプローチに向けてのパラダイムシフトが求められている。分析をすることは，パラメータを特定し，それを深く扱い理解することを可能にするという意味で，依然として重要である。しかしそれは，それぞれの部分が全体となり，全体がまたより大きなシステムの一部と見なされる中ですべての関係性が吟味されるというように，統合を通じた全体的な視点でまとめられなければならない[57]。

　教育理論家であり認知科学者でもあるデレク・カブレラ（Derek Cabrera）は，子どもたちには，区別（distinction），システム（system），関係性（relationship），そして視点（perspective）の DSRP を考えることを促すべきだという。

訳注　★3.5：互いに関連する複数の要因が合わさって全体として何らかの性質を見せるが，その挙動が個々の要因からは明確でない系のこと。複雑系の考えでは，自然や社会における事象をそうしたものとして捉え，分析していく。

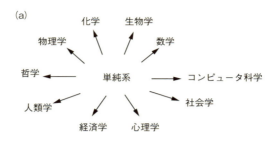

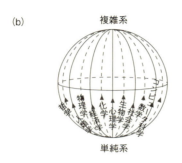

図 3.6　システム思考
出典：Dynamics of Complex Systems

- 区別：アイディアや物品をより詳しく特徴づけていくこと。
- システム：アイディアを分解して，さまざまな部分・全体の関わりを統合した新しい概念へと作り直すこと。
- 関係性：物事の間のつながりを見ること。
- 視点：異なる視点から物事を見ること。[58]

複雑系の共通特性について考えることで，学習者は，伝統的な学問分野についても現代のシステム論的視点から見るアプローチをとることができる。

デザイン思考

これまで見てきたように，現在我々が直面している 21 世紀の課題は，教育から農業，エネルギー利用，製品の設計・製造，経済，そして政治といった多くの社会制度について大幅な見直しと再設計を必要としている。現代のほぼ

すべての製品やサービスは，情報通信技術の利用増加やグローバルなつながり，エネルギーや原材料の生態学的持続可能性，長い寿命,心身の幸福（well-being）の増進などの問題を踏まえ，そのデザインをやり直す必要がある。デザイン思考の思考態度は，製品やサービスだけでなく，21世紀の課題にどのようにアプローチするかを考える際にも必要である。

デザインのプロセスをはっきり概念化する1つの方法は，以下の4つの原則を用いることである。[59]

- 人間性のルール（the human rule）：すべてのデザイン活動は，究極的には社会的な性質をもつ。
- 曖昧性のルール（the ambiguity rule）：デザイン思考者は曖昧さを失わないようにしなければならない。
- 再デザインのルール（the redesign rule）：すべてのデザインは再デザインである（失敗は，改善を繰り返すプロセスの中で生じる当たり前の出来事である）。
- 触知可能性のルール（the tangibility rule）：アイディアを手で触れられるものにすることは，コミュニケーションを促進する。

私のデザイン思考のチャートシート

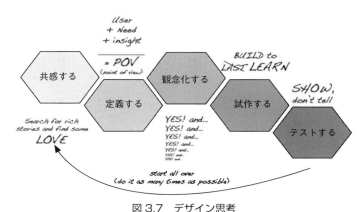

図3.7 デザイン思考
出典：Stanford University d: School

カリキュラムのためのデザイン思考のプロセスモデルの例を図 3.7 に示す。

環境リテラシー

先に議論したように，人類は，この星のさまざまな生態学的限界に急速に近づきつつあるし，もうそれを超えてしまっている可能性すらある。将来の大きな環境危機や生態学的な大惨事を回避するためには，すべての市民が，環境科学の基礎や社会が人類の長期的な持続可能性に与えている影響について基本的な理解をもっていなければならない。

P21 は環境リテラシーの構成要素を以下の力として定義している。

・ 環境やそれに影響を与える状況・条件についての知識と理解，特に空気，気候，土壌，食料，エネルギー，水，生態系などに関する知識と理解を示せること。
・ 社会が自然界に与える影響についての知識と理解を示せること（例：人口増加，個体数の推移，資源消費率など）。
・ 環境問題を調査・分析し，効果的な解決策について正しい結論を出せること。
・ 環境課題に取り組むための活動を個人や集団として実践できること（例：グローバルな活動に参加したり，環境問題に対する行動を促す解決策を考えたりすること）。

デジタルリテラシー

上述したように，テクノロジーの専門知識はますます重要になってきている。道具や技術が発展し続けるので，子どもたちはさまざまな新しい技術の使い方を学ばなければならない。彼らが将来つく可能性のある仕事の多くではすでに技術革新が浸透し始めているため，大半の仕事でさらなるスキルアップが必要になるだろう。子どもたちには，インターネット検索，文書作成，表計算，ソーシャルメディア用のアプリケーションなど既存のツールを使いこなせるようになるだけでなく，新しい技術も簡単に学べる力が大切である。

これらすべてのテーマは，学びをより現実世界と関連し，それに根ざしたも

のにする方法，より意欲をかき立てより行動志向にする方法を，教育者と子どもたちの双方に与えてくれる。また，これらのテーマは教育者が教科内容とコンピテンシーを融合し調和させることを可能にするレンズであり，学際的な思考のための基盤も提供してくれる。

CCR の知識の枠組みのまとめ

　ここまでの議論をもとに，知識分野を 1 つにまとめたものを次ページの図3.8 に提示する。前述したように，これは現在進行中の仕事であり，それぞれの学問分野における教育目標の開発と深く関わりながら，さらに検討していく予定である。

CCR の知識の枠組み	
テーマ：知識分野のあらゆるところに適切な範囲で埋め込まれている	伝統的知識，以下に沿って表現： ・メタ概念，概念 ・プロセス，メソッド，ツール ・分野，主題，トピック いたるところで学際的なものを多く含む
	1）数学 2）科学 3）言語－母国語 4）言語－外国語 5）社会科（歴史，地理，公民，経済など） 6）芸術（ダンス，演劇，メディア芸術，音楽，視覚芸術など） 7）その他（その国独自のもの）
● グローバルリテラシー ● 環境リテラシー ● 情報リテラシー ● デジタルリテラシー ● システム思考 ● デザイン思考 ● その他	現代的知識，以下の方向に沿って表現： ・メタ概念，概念 ・プロセス，メソッド，ツール ・分野，主題，トピック よりいっそう学際的
	● テクノロジーと工学，以下を含む 　・コンピュータ科学，特にプログラミング，ロボット工学，人工知能 　・バイオエンジニアリング，特にゲノム編集，合成生物学 ● メディア，以下を含む 　・ジャーナリズム（デジタル） 　・映画 ● 起業家精神とビジネス ● パーソナルファイナンス ● ウェルネス 　・身体的 　・精神的 ● 社会システム（社会学，人類学など） ● その他

© 2015　Center for Curriculum Redesign　無断複写・複製・転載を禁ず

図 3.8　CCR の知識の枠組み

出典：CCR

Chapter 3　知識の次元

● 原注 ···

37. CCR は 2016 年に東洋のカリキュラムの伝統のまとめも行う。

38. CCR, http://curriculumredesign.org/wp-content/uploads/Maths-Concepts- Processes-CCR.pdf

39. American Association for the Advancement of Science, Project 2061,
　　http://www.aaas.org/report/science-all-americans

40. CCR, *Mathematics for the 21st Century: What Should Students Learn?, Paper 2, Methods and Tools,*
　　http://curriculumredesign.org/wp-content/uploads/Maths- Methods-Tools-CCR.pdf

41. OECD, *Pisa 2015: Draft Mathematics Framework,*
　　www.oecd.org/pisa/pisaproducts/Draft%20PISA%202015%20Mathematics%20 Framework%20.pdf

42. CCR, http://curriculumredesign.org/wp-content/uploads/Maths-Branches- Subjects-and-Topics-CCR1.pdf

43. フィンランドは部分的にトピック学習への移行を始めている。
　　www.oph.fi/english/education_development/current_reforms/curriculum_reform _2016

44. テーマは概念，メタ概念，方法，ツール，主題，分野，トピックを横断するものである。詳細は次の節で論じる。

45. Chapter 1 の「指数関数的な進歩と未来の予測」の項でふれた Knowledge Works Foundation, Forecast 2020.

46. Chapter 7「"どのように"について簡潔にふれる」を参照。

47. Wikipedia, "Maker Culture," https://en.wikipedia.org/wiki/Maker_culture

48. Peter M. Vitousek, Paul R. Ehrlich, Anne H. Ehrlich, and Pamela A. Matson, "Human Appropriation of the Products of Photosynthesis," *BioScience* (1986):368–373.

49. V. B. Mansilla, *Learning to Synthesize: A Cognitive-Epistemological Foundation for Interdisciplinary Learning.* Harvard Graduate School of Education, 2009,
　　www.frinq-fall2012retreat.michaelflower.com/resources/Learning_to_synthesize.pdf

50. 他の団体からはグローバルコンピテンス（grobal competence）と呼ばれている。CCR の枠組みにおける 12 のコンピテンシーと，ここで言うテーマとを混同しないで欲しい。

51. アジア協会（The Asia Society）はグローバルコンピテンシーの信頼できる推進者である。
　　http://asiasociety.org/globalcompetence

52. M. G. Sigler, "Eric Schmidt: Every 2 Days We Create As Much Information As We Did Up To 2003," *TechCrunch,*
　　http://techcrunch.com/2010/08/04/schmidt- data

53. Richard Van Noorden, "Global scientific output doubles every nine years," *Nature News Blog,*
　　http://blogs.nature.com/news/2014/05/global-scientific- output-doubles-every-nine-years.html

54. Ronald Bailey," Half the Facts You Know Are Probably Wrong," *Reason,* October 2, 2012,
　　https://reason.com/archives/2012/10/02/half-of-the-facts-you- know-are-probably

55. The People's Science, www.thepeoplesscience.org/tilt, Maya Bialik と Stephanie Sasse が開発。

56. Y. Bar-Yam. *Dynamics of Complex Systems.* (Reading, MA: Addison-Wesley, 1997).

57. システム思考は全体論的思考（holistic thinking）と同じではない。還元論的思考と全体論的思考を合わせたものである。

58. D. Cabrera et al., "Systems thinking," *Evaluation and Program Planning* 31, no. 3 (2008):

95

299–310.

カブレラ博士の TEDx talk は，www.youtube.com/watch?v=dUqRTWCdXt4 を参照のこと。

59. Hasso Plattner, Christoph Meinel, Larry J. Leifer, eds., *Design Thinking: Understand, Improve, Apply. Understanding Innovation* (Berlin; Heidelberg: Springer-Verlag, 2011): xiv–xvi. DOI: 10.1007/978-3-642-13757-0.

Chapter 4
スキルの次元

　心理学の研究では，能動的に学びに関わることで，一般により良い学習成果が得られることが示されている[60]。ただ聞いたり，ただ読んだり，ただ型どおりの練習をしたりするのではなく，調べたり，議論をしたり，違う視点から考えたりすることで，学習者はより高いレベルの思考スキルを鍛えることができる。また，こうした能動的な学習に加えて，学習に関する構成主義的アプローチでは，学びの社会的な側面（知識は多くの場合，社会的に構成されるものである）と創造的スキルとしての側面（知識はそれを作りあげることや作り直すことで学ぶのである）が強調，奨励されている[61]。

　教育における転移（transfer，ある状況で学んだことを違う文脈に適用すること）のかくれた目標は，将来行う学びのための準備であると考えることができる[62]。この見方では，学習の転移は，現実世界における初めて出会う状況や，学びのリソースに富んだ環境で学ぶ際に，その準備としてスキルやモチベーションをうまく使えることと再定義される[63]。これまでの研究からは，子どもたちを主体的にふるまわせたり，自己調整を促したり，コミュニケーションやふり返りのスキルを高めたりする教育環境や，社会的で学習者にあった環境では，新しい状況への学習の転移がうまくいくことが示されている[64]。

知識とスキルをともに

　教育に関する長年の議論に，スキルを教えると内容知識（content knowledge）の指導が損なわれるというものがあるが，我々は，これもまた誤った二分法（false dichotomy）であると考えている。先行研究では，知識をスキルと無関係な形で受動的に学んでも，それは表層レベルの学び（理解ではなく暗記によるもので，再び使うことが難しい短命な知識）に留まることが多く，新しい状況への転移は難しいことが示されている[65]。知識を深く理解し，現実世界へ応用することは，スキルを内容知識に当てはめ，お互いを高めあう学びの中でのみ達成できることなのである。

　そこで P21 では，伝統的知識科目のいくつか（数学，理科，社会，地理，国語（英語），外国語，芸術）を対象にスキルマップ（skill map）を作成した[66]。これらのスキルマップでは，知識とスキルの関係性やどのようにしたらそれらを互いに高めあいながら学習させられるかを，さまざまな学年について紹介している。図 4.1 は，こうしたスキルマップの一例である。ここでは，理科の知識と創造性スキルの共通した部分に焦点を当てている。

図 4.1　スキルマップ
出典：P21, www.p21.org/storage/documents/twentyfirstcskillsmap_science.pdf

Chapter 4 スキルの次元

スキルと教育・雇用ギャップ

　最近の新卒者（中・高等学校と大学の）は労働者としてのスキルに欠けているというよくある懸念に応えるため，雇用に際し何を求めるかを経営者に問うさまざまな調査が行われてきた。有名な例として以下のものがある。

・「彼らは本当に働く準備ができているか？」（Are They Really Ready to Work?）　全米産業審議会（Conference Board）と 21 世紀型スキルのためのパートナーシップ（Partnership for 21st Century Skills）[67]

・「変わりゆく労働者に重要なスキルのニーズとリソース」（Critical Skills Needs and Resources for the Changing Workforce）　人材マネジメント協会（Society for Human Resource Mnanagement）とウォールストリート・ジャーナル[68]

・「OECD スキル・アウトルック」（OECD Skills Outlook）　経済協力開発機構（OECD）[69]

　P21 では，これらすべての調査の回答とさまざまな専門家から出された意見をまとめ，その結果を『21世紀型スキル：現代を生きるための学び』（*21st Century Skills: Learning for Life in Our Times*）という書籍に示した[70]。これらはいずれも産業界や教育界，政界からの世界的な合意を得て引き出されたものであり，枠組み（framework）ごとに用語やまとめ方の違いも多いが，学習や生産的な仕事，人生の成功に最も必要なスキルについて一致した見解を示している。有名なスキルの枠組みを比較したものを表 4.1 に示す[71]。

　これに対する教育省の政策立案者や学校からの山のようなフィードバック[72]では，スキルの提案を実行可能なものにするためには，もっと簡潔にする必要があると指摘されていた。そこで CCR では，創造性（creativity），批判的思考（critical thinking），コミュニケーション（communication），協働（collaboration）

99

表 4.1 　枠組みの比較とフィードバック
　　　　出典：CCR

P21.org（21 世紀型スキルのためのパートナーシップ）スキルの枠組み	ATC21S（21 世紀型スキルの学びと評価プロジェクト）*	OECD 国際成人力調査（PIACC）	OECD 生徒の学習到達度評価(PISA)	各国教育省，学校から P21 へのフィードバック＝"スキルを 4 つの C に絞る"＝ CCR
学習とイノベーションのスキル	思考の方法			
創造性とイノベーション	創造性とイノベーション		創造的問題解決	創造性
批判的思考と問題解決	批判的思考 問題解決 意思決定	問題解決		批判的思考
	働く方法			
コミュニケーション	コミュニケーション	読み（散文と文書） 書き 口頭発表		コミュニケーション
協働	協働（チームワーク）	チームワーク		協働
情報，メディア，ICT リテラシー	働くためのツール			ここから下は CCR の枠組みの他の次元（知識，人間性，メタ学習）に位置づけられている
情報リテラシー	情報リテラシー	インターネット利用		
メディアリテラシー				
ICT リテラシー	ICT リテラシー	コンピュータ利用		
生活とキャリアのスキル	世界の中で生きる人生とキャリア発達			
柔軟性と適応力				
自発性と自己主導性		自分の時間管理		
社会的スキル，異文化間スキル	シチズンシップ（地域と世界） 文化的意識と文化的能力			

＊ Binkley より：http://link.springer.com/chapter/10.1007/978-94-007-2324-5_2#page-1

Chapter 4　スキルの次元

の"4つのC"（four Cs）に焦点を当てることにした。

　以下では，これら4つのCのスキルのそれぞれについて，その重要性の説明と認知科学や教育学の関連する研究の説明を含めながら個別に吟味していく。その際，スキルを知識分野と切り離して紹介していくが，効果的な学習のためには，これらのスキルはすべて，内容知識の学習を通じて，それとともに学ぶべきものである。

創造性

　　　想像力は知識よりも大事である。なぜならば，知識は現在わかっていること，
　　理解していることに限られているのに対し，想像力はこの世界のすべてばかり
　　か，我々がいつか知ること，理解することのすべてまでを含んでいるからである。
　　　　　　　　　　　　――アルベルト・アインシュタイン（Albert Einstein）

　これまで創造性が最も直接的に関わるのは，美術や音楽などの芸術活動であると考えられてきた。このように考えることには，それなりの歴史的根拠があるが，創造性を芸術とだけ結びつけて考えることは誤解を招きやすい誤りであり，芸術バイアス（art bias）と呼ばれている[73]。

　近年では創造性は，科学的思考[74]，起業家精神[75]，デザイン思考[76]，そして数学[77]など非常に広範な知識と技能に不可欠のものであることが示されている。2010年にIBMは，60の国，33の産業から15,000人以上のCEOにインタビューを行い，創造性は，この世界がますます複雑かつ不確実性を増す中で，それに対応するためにリーダーが身につけるべき最も重要な資質と見なされていることを見いだした[78]。創造はまた，きわめて充実した活動でもある。ミハイ・チクセントミハイ（Mihaly Csikszentmihalyi）はこう言っている[79]。「面白いこと，大切なこと，人間らしいことの大半は創造性によってもたらされる。……（創造的な活動に）没頭しているときは，そうでないときより，人生が満ち足りていると感じるものである。」

　世界の国々は，創造性（創造的問題解決，発想力，デザイン思考など）とイノベーション（innovation）を中心とした教育改革に重きを置きはじめている。2008年，イギリスの中等教育のカリキュラムは発想力（idea generation）

を強調する方向に改訂され，試験的プログラムがその進捗の評価を始めている。ヨーロッパ連合は 2009 年を「ヨーロッパにおける創造性とイノベーションの年」(the European Year of Creativity and Innovation) と定め，さまざまな会合を開いたり，問題基盤型学習[★4.1] (problem-based learning) やプロジェクト型学習 (project-based learning) に関する教員研修に資金を提供したりしている。中国も昔ながらの詰め込み型の授業を，より問題基盤型／プロジェクト型学習的なものにあらためる大きな教育改革を始めているし[80]，日本もその創造力問題[★4.2] (creativity problem)[81] に対応するために教育改革や経済改革に取りかかっている。

創造性研究における有力なモデルでは，創造的な人とは，発想力 (idea production)，流暢性 (fluency)，柔軟性 (flexibility)，独創性 (originality) からなる拡散的思考 (divergent-thinking) の力をもつ人であると定義されている[82]。図 4.2 はそれぞれの資質を[83]，子どもたちの創造性を測るテストの解答例

図 4.2　創造性の資質
出典：Peter Nilsson, www.senseandsensation.com/2012/03/assessing-creativity.html

訳注　★4.1：問題基盤型学習，プロジェクト型学習ともに，与えられた課題や学習者自らが設定した課題について，達成のための計画，実行，評価を少人数グループで行う中でさまざまな能力の育成を目指す学習。
　　　★4.2：日本人は新しいものを生みだす創造の力に欠けるという見解や議論のこと。

と関連づけて例示したものである。

この創造性のモデルは，創造性の向上を目指すさまざまな拡散的思考トレーニングや創造性測定テストの開発を促してきた。まだ議論の余地はあるが，大規模なメタ分析[★4.3]の結果から，拡散的思考テストの課題は，創造性が関わる達成の程度を知能指数(IQ)よりも正確に予測できることが明らかになっている[84]（ただし，拡散的思考テストの成績と IQ もある程度，相関する）。

創造性について教えることは，広い意味では，内容知識の教育を補完することになる。たった1つの正解しかない紙と鉛筆での学びに比べ，オープンエンドな問題解決型の学習は，子どもたちの創造的な思考を促しやすい。また人々に面白おかしいことを考えるよう勧めることも，非現実的な思考を脳に促すことになるため，創造性を高めることがわかっている[85]。さらに遊び全般は，何よりも創造的思考の向上に向いている[86]。

創造性を養う指導の際には，創造的思考がさまざまなレベルで起こりうることを忘れてはいけない。図 4.3 は，まったくの模倣（新奇性なし）から，完全

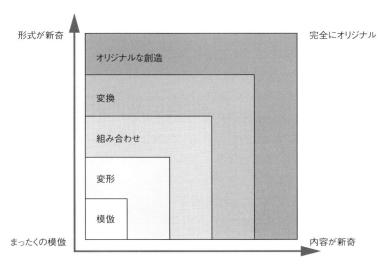

図 4.3　教室における創造性

出典：Peter Nilsson, www.senseandsensation.com/2012/03/taxonomy-of-creative-design.html

訳注　★4.3：ある問題に関する複数の研究を収集し，その結果を統計的手法で統合して，より高い見地から分析すること。

表 4.2　教室における創造性の例
出典：CCR，Peter Nilsson を改編

創造性の水準	定義	教室における例
模倣	同じものを複製する。基本のスキルとして，より創造的な活動の出発点となることが多い。	ある文学作品の一部分を記憶して，授業で暗唱する。
変形	ある作品の一部または複数の部分を変え，残りは正確に模倣する。	ある文学作品の一文について，文法構造をそのままに，主題と語彙のみを変えて書き直す。
組み合わせ	2，3の作品を1つに混ぜて，新しい作品とする。	授業で学んだ単純な機械を組み合わせて，複雑なカラクリ機械を作成する。
変換	既存の作品を異なる表現手段や表現方法に変換する。	授業のノートをもとに，歴史上の出来事を政治，社会，経済の流れに分けた年表を作る。
オリジナルな創造	既存の作品（あったとしたら）と似た点がほとんどない新しい作品の創造。	短編小説を書く。

にオリジナルな理解されにくい発想（形式，内容ともに新奇性の度合いが高い）まで，さまざまな活動をそれに含まれる創造性の程度に基づき整理したものである。表 4.2 が示すように，教室の活動では，創造性を発揮する機会がこれらすべてのレベルについて存在する。

　オープンエンドな課題であればあるほど創造性が必要だが，だからといって，そうしたやり方が必ずしも創造性を教えるのに最適だというわけではない。もし子どもたちが必要な技能を身につけていなければ，過度にオープンエンドな課題は負担が重すぎて，あまり効果がないであろう。教師は，自分が実現したいと思う学習の成果に応じて，革新性の程度を有効な範囲に収めるべきである。逆に，課題に強い制約を課すことでも創造的なアプローチの必要性を高めることはできる。

　創造性は，我々が直面するさまざまな 21 世紀の課題に革新的な解決法を考えるのに必要な力であり，それゆえに 21 世紀に向けて子どもたちが学ぶべき最も大切なスキルの1つであるだろう。

批判的思考

　　教育は，ある物事が真実なのか偽りなのか，本物か偽物か，あるいは事実か
虚構かを見きわめるため，それに関する証拠を吟味したり，比べたりできるよ
うに人々を育てていかなければならない。したがって教育の役割とは，物事を
深く，批判的に考えることを教えることである。
　　　　――マーティン・ルーサー・キング・ジュニア（Martin Luther King, Jr.）

　批判的思考に関する全米会議（the National Council for Excellence in
Critical Thinking）は，批判的思考を「観察や経験，省察，推論，コミュニケ
ーションを通じて集めたり，生みだしたりした情報を，何を信じ，何を行うか
の指針として，能動的にうまく概念化したり，応用したり，分析したり，統合
したり，評価したりする統制された知的プロセス」と定義している。[87]
　この定義には，問題解決や意思決定，探究，推論，システム思考，批評など
さまざまな心的活動が含まれるが，突き詰めて言うと，批判的思考の最も大事
な点は，ある主張についてそれを額面通りに受け止めるのではなく，疑問を
呈することだと言える。歴史家のウィリアム・グラハム・サムナー（William
Graham Sumner）は，批判的思考を次のように定義している。

　　　提示されたいかなる命題についても，それが真実であるかを見きわめるため
　　によく調べたり，試したりすること。こうした批判の能力は教育とトレーニン
　　グの賜物である。それは思考の習慣であり，力である。また，男女を問わず訓
　　練されるべき，人間が幸せに暮らすための大切な条件である。そしてそれは我々
　　が，人々やこの世界の状況についての思い込み，欺瞞，迷信，誤解から逃れる
　　ことを確かにする唯一の術である。[88]

　教育における批判的思考は，ソクラテス（Socrates）の仕事にまでさかのぼ
ることができる。ソクラテスは教え子たちに問答法を用いて，思い込みに気づ
かせたり，主張の根拠を明確にさせたりし，それにより自明に思えた考えを捨
てたり，自分でも気づかない思考の偏りやほころびを明らかにさせた。それか

ら2,400年たった現在でもなお，批判的思考は教育における最も重要な目標であり続けている。こうした批判的思考の思考習慣（habits of mind）は，"大学の入門コースの教員から，高校で教わるいかなる内容知識と比べても，それと同じくらい，またはそれ以上に重要なものだと常に見なされてきた"[89]。

にもかかわらず，事実ややり方でいっぱいのカリキュラムでは，批判的思考スキルに関する内容は，評価が難しいなどの理由で扱われないことが多かった。子どもたちがその代わりに学ぶのは，多くの場合，テストの受け方であり，教育システムの外へは転移しないような技能であった。教科書もまた，複雑な問題をかみ砕いて伝えることで，子どもたちが批判的思考という有意義な活動をしなくともすむようにする役割を果たしている。

批判的思考の要素を特徴づけたものとして最も有名なものは，ブルーム（Bloom）の教育目標分類（taxonomy of educational objectives）である。それ以降，多くの研究が似たような要素を提案し，さまざまな形でそれらを整理，表現している。図4.4は，こうした分類を比較したものであるが，それらはいずれも教育の目標を知識へのアクセスという低次な水準（検索，想起など）から，理解や知識の使用という高次な水準（分析，統合，評価など）に至るものとして表している。ただし，学習に関する近年の研究では，教育目標のすべての水準は学習活動においてうまく混ざり合った形でなされるものであり，ブルームが最初に考えた逐次的なものとはまったく異なることが指摘されている[90]。

批判的思考の指導は，たとえば，系統立ったカリキュラムの中で批判的スキ

教育目標の分類			
ブルーム (Bloom, 1956)	アンダーソンとクラスウォール（Anderson & Krathwohl, 2001）	マルザーノとケンドール（Marzano & Kendall, 2006）	PISA（2000）
評価 統合 分析 応用 理解 知識	創造する 評価する 分析する 応用する 理解する 思いだす	自己－システム思考 メタ認知 知識活用 分析 理解 検索	コミュニケートする 構成する 評価する 統合する 管理する アクセスする

図4.4　教育目標の分類
出典：L. M. Greenstein, *Assessing Twenty-First Century Skills*

ルに必要な要素を示し，それを練習することから，情報の解釈や部分・全体の分析，分析と統合，証拠の吟味，多様な視点の取得，パターンの識別，抽象的な考えの把握などを含むプロジェクトを行うことまでさまざまな形がある[91]。批判的思考を教えることは，内省的，メタ認知的な思考習慣の育成と密接に結びついていることが多く，両者は互いに助け，高めあう関係にある[92]。最後に，批判的思考育成の最大の課題は，そのスキルを，それを学習した文脈以外にも転移させて使えるようにすることである。

コミュニケーション

コミュニケーションが業務の中核をなす仕事は限られているが（例：報道，心理療法，演説，教育行為など），どんな仕事であれ，コミュニケーションはさまざまな形（交渉，説明，アドバイス，関係づくり，対立の解消など）で常日頃から必要である[93]。実際，研究の文脈では幼稚園から医学部までのさまざまな教育段階を対象に，コミュニケーションをどのように指導しているかについての調査が行われている[94]。

レポートを書いたり，発表したりするなどの昔ながらの授業は一方向的なものであることが多く，真に双方向的なコミュニケーションが行われているとは言えない。そこでは，伝えたいことを（教師以外の）聴き手がちゃんと理解できたかは，多くの場合どうでもよいことである。こうした授業では，積極的に耳を傾けたり，明晰な思考や記述をしたり，説得力のあるプレゼンテーションを行ったりといった批判的思考に関わるさまざまな要素を涵養することは難しいだろう。したがって，真のコミュニケーションスキルの学びや評価，そしてその育成方法についての貴重なフィードバックを得るためには，協働的な課題に取り組むことが重要である（詳しくは次の「協働」の項で論じる）。

本当のコミュニケーションスキルを養うためのもう1つの方法は学び合い（peer tutoring），すなわち，生徒自身がクラスメイトや下級生を教えることである。他者を教えることは，コミュニケーションスキルを伸ばす強力な方法であるだけでなく，相手が指導内容を本当に理解したか，すなわちコミュニケーションがうまくいったかについて，すぐにフィードバックが得られる方法でもある。このため，他の生徒にコミュニケーションを行うことで指導する側の子

どもを頑張らせ[95], さらに自らの役割に対する責任感が自己概念の向上をももたらすことになる[96]。

今日のデジタル社会では, コミュニケーションスキルの重要性はますます高まり, また多様化している。研究者らは, 従来からある読み書き中心のリテラシー目標に加え, メディアリテラシー (media literacy) に注目することで, "(a) 自国の文化や理解の様式に沿ったリテラシーの実践を通じた学びの拡充, (b) 多様な学習スタイルへの対応や多文化的背景をもつ学習者のニーズへの適合, (c) 創造性, 自己表現, チームワーク, 職場で求められるスキルの開発" への可能性が開かれると指摘している[97]。そしてそれが進むにつれ, コミュニケーションというものを, すべての知識分野とコンピテンシーに応用可能な重要なスキルのまとまりとして, より深く, より広く考えていくことができるだろう。

協働

複雑さを増す社会において, 多様な側面をもった問題を解決する最善の方法は, さまざまな技能やバックグラウンド, そして視点をもつ人々が協働することである[98]。これがうまく機能した場合, 物事を複数の視点から考えることができるため, 誰か一人が単独で対応するよりも良い決定を下すことができる[99]。一方, うまく機能しない場合, 協働して事に当たることは集団思考 (groupthink) を生みやすく, 単独の場合よりも良くない結果をもたらしてしまう[100]。さまざまな科学分野の構造を調べた研究では, 知識やテクノロジーの大きな進歩には, それぞれの分野の専門化がある一方で, 多くの場合, 学際的な取り組みが欠かせないことが明らかとなっている[101]。

端的に言えば, 協働とは共通の目標に向け, 複数の人間が力を合わせて事に当たることである[102]。こうした協働のスキルを教室で教えるには, いくつかの効果的なやり方があることがわかっている。

1. 割り当てられた課題に関し, 集団内での取り決めと説明責任を確立することで, 分業や努力の相乗効果の土台が形成される。

2. 聴くスキルを指導することで, 互いのアイディアを共有, 受容, 応用する

Chapter 4　スキルの次元

ことが可能な空間が生みだされる。

3. 良い質問，特にオープンエンドで，思考を促すような質問を行うコツを指導することで，子どもたちの知識の拡大が促され，また，より良い解決に近づくことができるようになる。

4. 交渉のスキル（我慢して聞くこと，柔軟に対処すること，合意点を示すこと，プレッシャーがあっても明晰な思考を失わないこと）を鍛え，実践することは，どのような協働場面でも役に立つ[103]。

　協働学習（collaborative learning）は学習の成果を高め，題材をより楽しみ，自尊感情や多様性を受け入れる心などを向上させることが明らかにされている[104]。現在では協働学習を利用したさまざまな教育ツールが存在するが，それらは単独での学習や競争的な学習よりも学力の向上に効果があることがメタ分析で示されている[105]。さらに協働的に学習した場合，子どもたちは学校や教科，教師，そしてお互いのことをより肯定的に見るようになることもわかっている[106]。そして協働は，コミュニケーションの真の目的（上述）として働いたり，批判的思考[107]や創造性[108]の向上をもたらしたりするなど，本章で論じた他のスキルと相乗的に作用する関係にあるのである。

学びの応用

　スキルとは，知っていることをどう使うかということである。本章で概要を述べた4つのCのスキルは，経営者が特に求めるスキルである。また，子どもが知識を深く理解するための鍵であるとともに，学習内容を新たな環境へ転移させるのに不可欠のものでもある。これらのスキルは，教科の内容知識と不可分に結びついている。なぜならば，対象なしに批判的思考をすることができないように，スキルを内容知識と切り離した形で教えることは非現実的なことだからである。

CCR は，授業で扱う知識が創造性の源となり，批判的思考やコミュニケーションの対象となり，協働を推進する力となるような好循環の中で知識とスキルがともに育成されていくという考え方を大いに支持する。今日のグローバルな課題に取り組み，これからの労働市場の新たな要請に応え，急速に変わりゆく世界で個人的，社会的に成功するための努力を続けることは，こうした学びを通じてこそ達成できるのである。

● 原注 ………………………………………………………………………………………………

60. D. Perkins, "Constructivism and Troublesome Knowledge," *in Overcoming Barriers to Student Understanding: Threshold Concepts and Troublesome Knowledge* ed. Jan Meyer et al Ray Land, 33–47 (New York: Routlege, 2006).

61. D. C. Phillips, "The Good, The Bad, and the Ugly: The Many Faces of Constructivism," *Educational Researcher*, (1995): 5–12.

62. J. D. Bransford, and D. L. Schwartz, "Rethinking Transfer: A Simple Proposal With Multiple Implications," *Review of Research in Education*, (1999). 61-100.

63. E. De Corte, "Transfer as the Productive Use of Acquired Knowledge, Skills, and Motivations," *Current Directions in Psychological Science* 12, no. 4, (2003): 142–146.

64. Ibid.

65. D. Perkins, "Constructivism and Troublesome Knowledge," 33–47.

66. P21, Skills Maps, www.p21.org/our-work/resources/for-educators#SkillsMaps

67. P21, *Are They Ready To Work?*, www.p21.org/storage/documents/FINAL_REPORT_PDF09-29-06.pdf

68. Society for Human Resource Management, *Critical Skills Needs and Resources for the Changing Workforce*, file://localhost/www.shrm.org:research:surveyfindings:articles:documents:critical skills needs and resources for the changing workforce survey report.pdf

69. OECD, *OECD Skills Outlook 2013: First Results from the Survey of Adult Skills,* OECD Publishing (2013).

70. Bernie Trilling and Charles Fadel. *21st Century Skills: Learning for Life in Our Times* (San Francisco, CA: Jossey-Bass/Wiley, 2009).

71. さまざまな枠組みをより詳しく比較検討したい場合は，CCR のウェブサイトにある文書を参照のこと。

72. Private communication from Ken Kay, CEO of P21 at the time, with Geoff Garin of Peter Hart Associates (pollster).

73. M. A Runco and R. Richards, eds., *Eminent Creativity, Everyday Creativity, and Health.* (Greenwich, CT: Greenwood Publishing Group 1997).

74. K. Dunbar, "How Scientists Think: On-Line Creativity and Conceptual Change in Science. Creative Thought: An Investigation of Conceptual Structures and Processes," in T.B. Ward,

Chapter 4 スキルの次元

S.M. Smith and J. Vaid, eds., *Conceptual Structures and Processes: Emergence, Discovery, and Change* (Washington D.C: American Psychological Association Press, 1997).

75. K. K Sarri, I. L. Bakouros, and E. Petridou, "Entrepreneur Training for Creativity and Innovation," *Journal of European Industrial Training* 34, no. 3 (2010): 270–288.

76. K. Dorst and N. Cross, "Creativity in the Design Process: Co-Evolution of Problem–Solution," *Design Studies* 22, no. 5, (2001): 425–437.

77. L. J. Sheffield, "Creativity and School Mathematics: Some Modest Observations," *Zdm* 45 no. 2 (2013): 325–332.

78. IBM, *Capitalizing on Complexity: Insights from the Global Chief Executive Officer Study,* 2010,
http://public.dhe.ibm.com/common/ssi/ecm/gb/en/gbe03297usen/GBE03297USEN.PDF

79. Mihaly Csikszentmihalyi, *Creativity: Flow and The Psychology of Discovery And Invention* (New York: HarperCollins, 1997).

80. P. Bronson, Merryman, "The Creativity Crisis." *Newsweek,* 2010,
www.newsweek.com/creativity-crisis-74665

81. Amy McCreedy, "The 'Creativity Problem' and the Future of the Japanese Workforce," *Asia Program Special Report* 121 (2004): 1–3.

82. J. P Guilford, *Intelligence, Creativity, and Their Educational Implications* (San Diego, CA: Robert R. Knapp, 1968).

83. Peter Nilsson, "Four Ways to Measure Creativity," *Sense and Sensation Writing on Education, Creativity, and Cognitive Science,* 2012,
www.senseandsensation.com/2012/03/assessing-creativity.html

84. K. H. Kim, "Meta-Analyses of the Relationship of Creative Achievement to Both IQ and Divergent Thinking Test Scores," *The Journal of Creative Behavior* 42 no. 2 (2008): 106–130.

85. A. Ziv, "The Influence of Humorous Atmosphere on Divergent Thinking," *Contemporary Educational Psychology* 8, no. 1 (1983): 68–75.

86. S. W. Russ, "Play, Creativity, and Adaptive Functioning: Implications for Play Interventions," *Journal of Clinical Child Psychology* 27, no. 4 (1998): 469–480.

87. National Council for Excellence in Critical Thinking, "Defining Critical Thinking,"
www.criticalthinking.org/pages/defining-critical-thinking/766

88. W. G. Sumner, *Folkways: A Study of the Sociological Importance of Usages, Manners, Customs, Mores, and Morals* (New York: Ginn and Co., 1940): 632, 633.

89. D. Conley, *Toward a More Comprehensive Conception of College Readiness* (Eugene, OR: Educational Policy Improvement Center, 2007).

90. From: L. W. Anderson and D. R. Krathwohl, eds. et al., *A Taxonomy for Learning, Teaching, and Assessing: A Revision of Bloom's Taxonomy of Educational Objectives,* (New York: Longman, 2001).

91. L. M. Greenstein, *Assessing Twenty-First Century Skills: A Guide To Evaluating Mastery And Authentic Learning* (Thousand Oaks, CA: Corwin Press, 2012).

92. D. Kuhn, "A Developmental Model of Critical Thinking," *Educational Researcher* 28, no. 2 (1999): 16–46.

93. V. S. DiSalvo and J. K. Larsen, "A Contingency Approach to Communication Skill Importance:

111

The Impact of Occupation, Direction, and Position," *Journal of Business Communication* 24, no. 3 (1987): 3–22.

94. E. R. Morgan and R. J. Winter, "Teaching Communication Skills: An Essential Part of Residency Training," *Archives of Pediatric Adolescent Medicine* 150 (1996).

95. C. C. Chase et al., "Teachable Agents and the Protégé Effect : Increasing the Effort Towards Learning," *Journal of Science Education Technology* 18, no. 4 (2015): 334–352.

96. Vany Martins Franca et al., "Peer Tutoring Among Behaviorally Disordered Students: Academic and Social Benefits to Tutor and Tutee," *Education and Treatment of Children* (1990): 109–128.

97. R. Hobbs and R. Frost, "Measuring the Acquisition of Media-Literacy Skills," *Reading Research Quarterly* 38, no. 3 (2015): 330–355.

98. C. Miller and Y. Ahmad, "Collaboration and Partnership: An Effective Response to Complexity and Fragmentation or Solution Built on Sand?" *International Journal of Sociology and Social Policy* 20, no. 5/6 (2000): 1–38.

99. J. Surowiecki, *The Wisdom of Crowds* (New York: Anchor Books, 2005).

100. I. L. Janis, "Groupthink," *Psychology Today* 5, no. 6 (1971): 43–46.

101. E. Leahey and R. Reikowsky, "Research Specialization and Collaboration Patterns in Sociology," *Social Studies of Science* 38, no. 3 (2008): 425–440.

102. Wikipedia, "Collaboration," http://en.wikipedia.org/wiki/Collaboration

103. R. Alber, "Deeper Learning: A Collaborative Classroom is Key," *Edutopia*, 2012, www.edutopia.org/blog/deeper-learning-collaboration-key-rebecca-alber

104. R. T. Johnson and D. W. Johnson, "Cooperative Learning in the Science Classroom," *Science and Children* 24 (1986): 31–32.

105. D. W. Johnson, R. T. Johnson, and M. B. Stanne, "Cooperative Learning Methods: A Meta-Analysis," (2000), www.researchgate.net/profile/David_Johnson50/publication/220040324_Cooperative_Learning_Methods_a_Metaanalysis/links/00b4952b39d258145c000000.pdf

106. D. W. Johnson and R. T. Johnson, "Cooperative Learning and Achievement," In S. Sharan (ed.), *Cooperative Learning* (San Juan Capistrano, CA: Kagan Cooperative Learning, 1990).

107. A. A. Gokhale, "Collaborative Learning Enhances Critical Thinking," *Journal of Technology Education* 7, no. 1 (1995): 22–25.

108. B. Uzzi, "Collaboration and Creativity: The Small World Problem," *American Journal of Sociology* 111, no. 2 (2005): 447–504.

Chapter 5
人間性の次元

　我々は人類の絶滅をもたらすような特性を進化させてしまった。だからこそ，それをいかにして克服するかを学ばねばならない。
　　　　　　　——クリスチャン・ド・デューブ（Chiristian de Duve）

なぜ人間性特徴を育成するのか？

　古代より教育の目標は，学習者として成功し，コミュニティに貢献し，倫理観のある市民として社会に奉仕する，自信と思いやりに満ちた子どもを育てることであった。人間性教育（character education）の目的は，豊かな人生と社会の繁栄のために賢明な選択ができる徳（資質）や価値観（信念と理念），そして能力を身につけさせ，伸ばすことである。

　21世紀の課題と向き合うためには，個人としての成長やグローバル社会の一員として社会やコミュニティの責任を果たす力を育てるための計画的な取り組みが必要である。ミレニアム・プロジェクト（Millennium Project）では，世界の状況を判別する30の変数を世界レベルで記録し続けており，「我々が勝利しつつある領域」（winning），「敗北しつつある領域」（losing），「不明または変化が少ない領域」（unclear/little change）を特定している。このうち敗北[109]

が強く懸念される領域は，環境問題，汚職，テロリズム，収入格差であり，これらは倫理や人間性と密接な関係がある（図5.1参照）。

それに加えて，テクノロジーの進歩が諸刃の剣となっている。テクノロジーの進歩により，世界の国々が協力しながら発展する機会が多くなってはいるが，一方で核エネルギーの利用や農薬，遺伝子操作，より広く言えば，物質的な進歩を志向した現代的価値観という新たな倫理的課題を生みだしている[110]。

人間性教育の重要性を強く感じているのは，各国の雇用者も同様である。経済産業諮問委員会（Business and Industry Advisory Council: BIAC）からOECDに示された世界的調査によると，オーストリア，オーストラリア，ブラジル，デンマーク，フランス，ハンガリー，アイルランド，イタリア，韓国，ラトビア，メキシコ，ニュージーランド，スウェーデン，スロベニア，英国，米国といったさまざまな国の雇用者組織の代表のうち80％が，人間性教育は

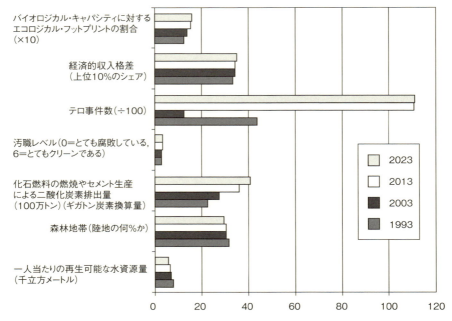

図5.1　我々が敗北しつつある領域に関するミレニアム・プロジェクトの分析
出典：The Millennium Project

Chapter 5　人間性の次元

今後ますます重要な問題になると断言し，また100％が自国の教育システムについて，人間性教育をもっと推進すべきであると回答している[111]。

　未来の市民である子どもたちは，強い個人的・倫理的な責任感をもってこそ，現代の大きな課題に対し，豊かな知識に基づく賢明な判断で対処することができるのである。

人間性教育の目的

　よく取り上げられる人間性教育の大きな目的に次の3つがある。人間性教育は，
・生涯学習の基礎を作ることができる。
・家庭，コミュニティ，職場における良好な人間関係をサポートすることができる。
・グローバル化した世界への持続可能な参加のための価値観と徳を育成することができる。

　相互依存性（interdependency）は我々人間の強みでもあり，弱みでもある。ノーベル賞受賞者クリスチャン・ド・デューブ（Chiristian de Duve）の言葉に，「我々は人類の絶滅をもたらすような特性（たとえば，集団的利己主義）を進化させてしまった。だからこそ，それをいかにして克服するかを学ばねばならない」というものがある[112]。実際，我々の集団としての心身の幸福（well-being）は，個々人の意識をもとにしたものである。ユネスコ（UNESCO）は強調している[113]。「教育における道徳的・文化的な次元を新たな目で重視すべきである。……このプロセスは，知識，瞑想，そして自己批判を通じて，自分自身を理解するところから始めなければならない」と。

　現代における教育の目標である人間性の育成は，宗教のそれと似たような目標を多くもつため，宗教教育と混同されることがある。しかしながら，人間性特徴（character qualities）の教育に宗教的な視点は必ずしも必要でないことに注意して欲しい。宗教の学びは人間性教育を助けることもあるだろうが，今日のように多元化，世俗化，グローバル化が進む世界においては，そ

115

れをややこしいものとし，余計な議論を生むことにもなるだろう。正式な公教育と宗教教育とが完全に分離している国もあれば，その２つが密接に関係している国もあり，その間の幅広い連続体の上にさまざまな形態の国が位置している。

　優れた人間性特徴を子どもたちに教えることは，宗教的リーダーや家庭に任せるべきだと主張する人もいるだろう。しかし，子どもの成長の一端を担う立場として，学校は社会的・倫理的な価値（values）の育成を避けて通れないことを認識すべきである。我々が教育の次元として強調する価値とは，今の世界におけるすべての人間に関係したものである。確かに，教育のこの面には家庭生活や校外での活動が重要な役割を果たすことが多いが，我々は，21世紀のさまざまな課題に対する子どもたちの備えとして，公式なカリキュラムの中で明示的に人間性を教え，学ぶことが大事であると考えている。

　ある研究によると，学校において知識やスキルを学ぶこと以上に，子どもたちの器量が達成の重要な予測子であり，[114]職業や市民生活の成功に不可欠なものであるという。ある特定の知識やスキルは将来就く仕事で必要かもしれないが，必要でないかもしれない。これに対し人間性特徴は，さまざまな職業や家庭・コミュニティの暮らしの中で普遍的に役立つものであるだろう。

6つの人間性特徴

　　教育における道徳的・文化的な次元を新たな目で重視すべきである。……このプロセスは，知識，瞑想，そして自己批判を通じて，自分自身を理解するところから始めなければならない
　　　　──ユネスコ（1996）　21世紀の教育に関する国際委員会の報告より[115]

　まず，簡潔に定義を見てみよう。人間性（character）は以下の用語のすべてを包含する：主体（agency），態度（attitudes），ふるまい（behaviors），心性（dispositions），思考態度（mindsets），パーソナリティ（personality），気質（temperament），価値（values），信念（beliefs），社会・情動的スキル（social and emotional skills），非認知的スキル（non-cognitive skills），ソフトスキル（soft skills）[116]。人間性は，教育と無関係な意味合いで使われることもあるが，簡潔で包括的な用語であり，あらゆる文化で理解可能である。

人間性特徴は，この世界でどのようにふるまい，世界とどのように関わるかに関することであり，知っていることをうまく使う力である「スキル」とは異なる。21世紀型スキル（創造性，批判的思考，コミュニケーション，協働の4つのC）[117]は知識の獲得と活用，さらには仕事をすることや市民生活に大切なものだが[118]，それだけでは未来の課題に対する学習者の備えとして十分とは言えない。人間性特徴は，さらなる学びや生産的な職業・キャリア，市民としての義務への積極的な関与などについて，子どもたちがそれをどれだけうまくやれるかをスキル以上に良く予測するだろう[119]。

なぜ「人間性特徴」（character qualities）と呼ぶのか。特性（trait）という言葉からは，固定的で不変という印象を受ける。神経心理学の進歩から学んだところでは，脳は高い可塑性を持ち，学習によって変容可能である。そして先行研究は人間性特徴の多くの面も，程度の差こそあれ，学習可能，育成可能なものであることを示している[120]。人間性特徴は練習することで獲得し，磨くことができるもの，そうあるべきものであり，それゆえに教育目標の枠組み（framework）の不可欠な要素なのである。我々は，たとえばビッグ・ファイブ（Big 5）[★5.1][121]のような他の同様の枠組みと違い，人間性特徴は経験や練習によって生涯を通じて変化し続けるととらえている。我々が関心をもっているのは，そのメカニズムの方であり，パーソナリティの記述に使われる言葉が異文化間でどのように受け止められるかではない。

人間性の次元について，実行可能な教育目標の基準すべてを満たす包括的で明確な枠組みは存在しなかった。このため，CCRは次に示す世界中の多くの枠組みを統合・精選した。

訳注　★5.1：人間がもつさまざまな性格は，神経症傾向，外向性，経験への開放性，調和性，誠実性の5つの特性の組み合わせで構成されるとする心理学の理論。特性5因子論。

・Center for the Advancement of Ethics and Character（CAEC）	・Royal Society for the Arts
・Character Counts! Coalition	・シンガポール教育省
・Character Ed. Net	・韓国教育省
・Character Education Partnership	・Success DNA
・中国教育省	・スウェーデン教育省
・Facing History and Ourselves	・タイ教育省
・KIPP Schools	・Young Foundation
・Partnership for 21st Century（P21）	

　また，CCR の人間性の枠組みは，ハワード・ガードナー（Howard Gardner）[122]，ロバート・スタンバーグ（Robert Sternberg）[123]，エドガール・モラン（Edgar Morin）[124]といった思想的リーダーの教育哲学も取り入れている。表 5.1 は，それぞれの鍵となる人間性の要素をまとめたものである。

　人間性の次元の要素は，その後，2014 年の後半に，世界中の 500 人以上の教師から得られたデータを用いて繰り返し精選された。表 5.2 は，CCR の研究が明らかにした 6 つの主要な人間性特徴と，それぞれと関連の深いさまざまな用語を示したものである[125]。注意して欲しいのは，これら関連する用語はすべてを網羅するものではないということである。また文献では，同じ用語が異なる人間性特徴に使われていることも多く（さらに，同じ人間性特徴に対し異なる用語が使われていたりもする），これによって終わりのない議論が生じている。

　以下の項では，6 つの人間性特徴について関連する研究を述べていく。これらの人間性特徴をどのように教育できるかについては，それについて簡潔に考察した Chapter 7 の「"どのように"について簡潔にふれる」も見て欲しい。

表 5.1　鍵となる人間性の要素
　　　　出典：CCR

ガードナー	スタンバーグ	モラン
・学問のマインド	・実際的能力	・知識の適切性
・統合するマインド	・分析的能力	・不確実性と向き合う
・創造するマインド	・創造的能力	・誤りをみつける
・尊重するマインド	・賢明	・相互理解
・倫理的なマインド		・人間のありようについての教育
		・人間としての倫理

Chapter 5 人間性の次元

表 5.2 主要な人間性の特徴
出典：CCR

主要な人間性の特徴	関連する人間性の特徴と概念（網羅的ではない）
マインドフルネス	自己覚知（自分への気づき），自己実現，観察，内省，意識，思いやり，感謝，共感，成長，ビジョン，洞察，平静，幸福，威風，真正，傾聴，共有，相互連結，相互依存，統一性，受容，美，感受性，忍耐，平穏，均衡，霊性，実存，社会意識，異文化への意識など
好奇心	開かれた心，探究心，情熱，自己主導性，意欲，主導性，革新性，熱中，驚嘆，審美，自発性など
勇気	勇敢，決断，不屈の精神，自信，リスクを恐れない，粘り強さ，強靱さ，熱情，楽観性，ひらめき，気力，活力，熱中，快活さ，ユーモアなど
レジリエンス	辛抱強さ，気概，粘り強さ，機知に富む，元気，自己鍛錬，努力，勤勉，傾倒，自制心，自尊感情，自信，安定性，適応力，曖昧さへの対応，柔軟性，フィードバックなど
倫理	慈悲，人間味，高潔，敬意，正義，平等，公平，思いやり，親切，利他性，開放的，寛容，受容，忠誠，正直，誠実，真正，偽りのなさ，信頼，礼儀正しさ，配慮，赦し，徳，愛，ケア，助力，寛大，博愛，献身，相互信頼など
リーダーシップ	責任感，自制，説明責任，頼もしさ，信頼感，実直さ，忘己利他，謙遜，節度，自己省察，創造性，組織力，代表，助言，傾倒，英雄的資質，カリスマ性，フォロワーシップ，関与，手本を示して導く，目標志向性，焦点性，結果志向性，正確さ，実行力，効率性，交渉力，一貫性，社交，多様性，品位など

マインドフルネス

自己覚知（自分への気づき），自尊感情，自己実現，成長，ビジョン，洞察，観察，意識，思いやり，傾聴，威風，共有，相互連結，共感，感受性，忍耐，受容，審美，平穏，均衡，霊性，実存，統一性，美，感謝，相互依存，幸福など

もし世界中のすべての8歳児が瞑想を教わることができたら，一世代のうちに世界から暴力をなくすことができるだろう。──ダライ・ラマ（Dalai Lama）

マインドフルネス（mindfulness）の実践は，東洋の霊性哲学（spiritual philosophy）に由来する。それは1784年にイギリスの学者によってサンスクリット語から英語に翻訳され，西洋の幅広い思想家に強い影響を与えた。第二次世界大戦後のアメリカでは，特に禅宗の仏教が知識層，大衆層の両方におい

て関心を集め，その実践のブームが起こった[126]。霊性的な役割を果たすことに加えて，マインドフルネスは臨床的な目的（ストレス，慢性的な痛み，不安，抑うつ，境界性人格障害，摂食障害，依存の治療）でも活用されており，また教育者によって，子どものストレスの軽減，集中力の増進，毎日の生活の質の向上に役立つ実践として採用されるようになってきている[127]。

　マインドフルネスは，「一刻一刻，展開していく体験に対して，今この瞬間に，判断や評価をしないで，意図的に注意を向けることにより生じる気づき」と定義することができる[128]。瞑想法を通じてマインドフルネスを練習することが一般的であるが，瞑想とマインドフルネスを同じものと考えるべきでない。なぜならば，マインドフルネスは食事をする，歩く，車を運転するなど日常的な経験を通じて練習可能なものだからである。

　エレン・ランガー（Ellen Langer）が，「苦労なくして得られるものはない」（no pain no gain）という伝統的な教育観（練習の繰り返し，継続的な勉強，長時間の集中によって学習が成立するという考え）は，静的で予測可能な環境を想定したものであると主張したことは有名である。我々が現在生きている変化し続ける環境においては，マインドフルネス教育の方がはるかに意味があり，効果的である[129]。効果の大きさについて議論は多いが，マインドフルネスのトレーニングにより注意集中力を高め，さらには記憶，自己受容，自己管理スキル，自己理解が向上することが研究によって示されている[130]。また，マインドフルネスは"ポジティブな感情，活気，生活満足度，自尊感情，楽観性，自己実現を高めること"や"自律性，コンピテンス，関係性を高めること"とも関係がある[131]。マインドフルネスはさらに，抑圧と向き合う手法[132]，世界的な危機と立ち向かう方法，知識を個人的・集団的行動に移すことができず，そうした巨大な問題に対応できないことに立ち向かう方法としても提案されている[133]。最後に，短縮版のマインドフルネス瞑想トレーニングであっても，疲労や不安を軽減させ，視空間処理，ワーキングメモリー，実行機能を改善することも明らかにされている[134]。

好奇心

開かれた心，探究心，情熱，自己主導性，意欲，主導性，革新性，熱中，
自発性など

私には特別な才能などない。ただ，激しく好奇心が旺盛なだけだ。

——アルベルト・アインシュタイン（Albert Einstein）

　人間性特徴としての好奇心（curiosity）に関する初期の議論は，キケロ
（Cicero）やアリストテレス（Aristotle）の時代にまでさかのぼる。キケロは，
好奇心を「学ぶことや知識への生まれながらの愛情であり，いかなる利益への
誘惑とも無関係なもの」と表現した[135]。また，アリストテレスは，好奇心を知識
に対する固有の欲求だとみていた[136]。現代の心理学では，好奇心の研究のために
いくつかの異なるアプローチがとられている。そのアプローチには，好奇心の
源泉の検討や状況的規定因の検討，重要な関連因子や動機づけとの関係の検討
などが含まれる。
　これまでの研究は，好奇心は人の特性（trait，一般的な能力）であると同時に，
人の状態（state，文脈によって変化し，経験に影響されるもの）であること
を示唆している。また，好奇心は，内的な（恒常性維持のための）動因（drive）
であるとともに，外的なきっかけに対する（刺激に誘発された）反応（response）
でもある[137]。好奇心は，不確かさからくる不快感を最小にしたいという欲求か
ら生じる（渇きや空腹に匹敵する）動因と考えることもできる。ゴキブリか
ら猿，人間にまで及ぶ生物の行動研究は，感覚入力が遮断されたとき，生物
は情報を探索しようとすること，そして知ることへの渇きは，ちょうど生理
的な渇きが水によって満たされるように情報によって満たされることを明ら
かにしている。
　好奇心は，予想と異なることへの反応（あるいは知覚的，概念的な葛藤）と
しても説明されてきた[138]。その反応は，逆 U 字のカーブに従うものであり，好
奇心が最大に引き出されるのは，興味をもつ程度に知っていることで，かつ

今，経験したことに驚きを感じているが，その状況をどのように理解したらよいのか未だ不確かな時であるという[139]。この最適覚醒モデル（optimal arousal model）は，ヘッブ（Hebb，神経科学者），ピアジェ（Piaget，発達心理学者），ハント（Hunt，動機づけの心理学者）という研究領域の異なる3人の研究者がそれぞれ独自にたどり着いたモデルである。

　好奇心はまた，不確かさを解消したいという動因に焦点を当てた，より大きな動機づけのモデルの中に位置づけられてきた[140]。このモデルは，直感的に理解できるし，また研究からも支持されている。私たちは，ごく自然に身の回りの世界を理解しようとし，それが好奇心となって表れる。それは個人の能力と目の前にある課題の困難さとが相互作用することで起こるのである[141]。この現象は，よく知られた心理学の概念である認知的不協和[★5.2]（cognitive dissonance）や曖昧さ回避（ambiguity aversion），そしてゲシュタルト心理学（Gestalt psychology）の原理とも関連している。

　これらの知見，モデル，関連概念や観察をもとに構築された情報ギャップ理論（information gap theory）[142]では，好奇心を，知っていることと知りたいこととの知識のギャップに注意を向けることで生じる気持ちとして扱っている。一方，興味／剥奪理論（interest/deprivation theory）は，好奇心モデルからの考えと欲求と報酬に関する神経科学研究とを結びつけ，好奇心には，興味からくるポジティブな感覚の誘発（induction）と，不確かさからくるネガティブな感覚の低減（reduction）の2つが含まれていると主張している。

　最近のfMRI[★5.3]を使った研究[143]は，好奇心が旺盛であればあるほど，実験参加者は答えを得るために多くの資源（時間や代用貨幣）を進んで費やすことや，これまでの数多くの知見と同様，情報を後から思い出せる確率が高いことを示している。加えて，好奇心の高さは，報酬期待やエラーの予期，記憶に関連した脳領域の活性化の程度と相関することも見いだされている。

訳注　★5.2：自己や自己をとりまく環境に対する信念や行動に矛盾がある場合（認知的不協和）に，それを回避するために信念や行動の変容が起こるという社会心理学の理論。
　　　★5.3：ある心的活動を行う際に脳のどの領域がどのように活動するかを血流動態反応の測定を通じて調べる手法。機能的MRI（functional magnetic resonance imaging）。

Chapter 5　人間性の次元

勇気

勇敢，決断，不屈の精神，自信，リスクを恐れない，粘り強さ，強靱さ，熱情，
楽観性，ひらめき，気力，活力，熱中，快活さ，ユーモア，着実さなど

　　努力や痛み，困難をともなうものでないならば，持つに値するもの，行うに
　値することなど何ひとつない。生涯において私は，安易な人生を送った人間を
　うらやんだことなど一度もない。困難な人生を送り，それらを良いものとした
　多くの人々をこそ，うらやましいと思ってきた。
　　　　　　　　　　　　　　　　　　——セオドア・ルーズベルト（Theodore Roosevelt）

　勇気（courage）とは，危険な状況あるいは弱さを感じる時において，恐れ
や不安があるにもかかわらず，行動をする能力だと考えることができる[144]。勇気
は，極端に走って破滅的な結果をもたらすこともあるが，その一方で，自身の
職業生活，社会生活，個人的な生活に大変役立つこともまた真実である。
　よく引き合いに出される職業における勇気の例は，起業家精神
（entrepreneurship）である。これまでの研究で，起業家が自己評価尺度の値
において他者より有意にリスクを冒しやすいと示されたことはないが，一方で
彼らは勇敢であることが見いだされている。

　　……多変量検定の結果，起業家はどちらとも取れるビジネスのシナリオを，他
　の被験者に比べ，有意により肯定的なものとして分類したことが示された。また，
　単変量の検定からは，こうした感じ方の違いが一貫したもの，かつ有意なもの
　であることが示された。すなわち，起業家は，ビジネスのシナリオにおいて弱
　点よりも強みを，脅威よりもチャンスを，業績悪化の可能性よりも改善の可能
　性をより多く感じ取っていた[145]。

　実際，ある論文では，組織の失敗とは，誰一人としてそれを防ごうと責任あ
る行動をとらなかったことによるものであり，「勇気の失敗」の結果であると

述べられている。[146]

　危険を冒す行動（risk-taking）が児童期や成人期よりも青年期で多いことや[147]，女子よりも男子でより多いことは[148]，十分に確立された知見である。また，勇気を出す力は固定したものではなく，適切な学習経験を通して育成可能であることもはっきりしている。

　勇気とは，ある個人が恐怖に打ち勝ち，不確かさに直面しながらも行動を起こすことを選択する際に生じる主観的な体験であると考えられる。勇気をもつ思考態度（mindset）には，"ある行動に対する覚悟を捨てたり，しなかったりすることで生まれるネガティブな気持ちから心と体を解き放つために"育てるべき，3つの望ましい個人内特性がある。[149] その特性とは，体験に対して心が開かれていること，誠実であること，そして自己効力感（self-efficacy）を高める自己評価方略である。[150]

レジリエンス

> 辛抱強さ，機知に富む，粘り強さ，気概，元気，カリスマ性，自信，適応力，曖昧さへの対応，柔軟性，自己鍛錬，傾倒，自制心，フィードバック，努力，勤勉など

　　　人生において最も栄誉あることは，一度も挫折しないことではなく，挫折の
　　度に立ち上がることである。　　──ネルソン・マンデラ（Nelson Mandela）

　最も基本的な形では，レジリエンス（resilience）とは，人が障害を乗り越えるのを可能にする力，あるいは一連の資質であると考えられる。レジリエンスは，何世紀にもわたりさまざまな文化に広まっている立身出世物語の根底にあるものである。それは，同じ境遇の人が成し遂げられなかった成功を成し遂げた人がもつ能力を指すことが多い。レジリエンスの歴史とその性質に関する議論が書かれた論文では[151]，レジリエンスは「深刻な逆境の中での肯定的な適応を包含する動的な過程」定義されている。"動的な過程"という表現は，レジリエンスが，逆境の中で成功できるかどうかに影響するすべての多様な因子を

表す言葉であるということを強調している。

　レジリエンスに寄与する要素の1つは，困難にあってもくじけない気概（grit）である。アンジェラ・ダックワース（Angela Duckworth）と共同研究者は，気概（ここでは「長期的な目標の達成に向けた忍耐力と情熱」と定義）に関する先駆的な研究を行い，"気概が成功を表す結果指標の分散の平均4%を説明する"ことを明らかにしている[152]。また，学校やコミュニティ，社会支援システムで特定された，若者のレジリエンスにポジティブな影響を与えるおもな要因に次の3つがある[153]。

1. 思いやりのある関係性
2. 大きな期待を伝えること
3. 有意義な関わりあいや参加をする機会

　レジリエンスは，他の人では克服できなかったであろう逆境を乗り越えることとおもに関係しているので[154]，それに関する初期の研究の多くは，ハイリスクなコミュニティや学校のサンプル集団に焦点を当てていた。これらの研究は，子どもたちがハイリスクな状況をうまく乗り越えられそうかの鍵をレジリエンスが握っていることをみごとに特定した。レジリエンスが肯定的な資質であることが確認されると，多くの人が，矯正を志向した危険性モデル（at-risk model）の妥当性に疑問をもつようになった[155,156]。今，研究者たちは，危険因子を軽減することだけに焦点を当てるのではなく，レジリエンスの育成が確認されたポジティブな因子を促進する方法に目を向けるようになっている。このことは，レジリエンスの研究を，ハイリスクだと認められた子どもだけでなく，すべての子どもに関係したものとして行うことに道を開いている[157]。

倫理

人間味, 親切, 敬意, 正義, 平等, 公平, 思いやり, 寛容, 開放的, 高潔,
忠誠, 正直, 誠実, 信頼, 礼儀正しさ, 真正, 偽りのなさ, 配慮, 赦し, 徳,
愛, ケア, 助力, 寛大, 博愛, 献身, 相互信頼など

　　　知性のみを教育し, 道徳を教育しないことは, 社会に対する脅威を育てるこ
　　とに等しい。　　　　　　——セオドア・ルーズベルト (Theodore Roosevelt)

　指導可能な人間性特徴としての倫理 (ethics) については, ジャン・ピアジ
ェ (Jean Piaget) とジョン・デューイ (John Dewey) が開拓し, ローレンス・
コールバーグ (Lawrence Kohlberg) とキャロル・ギリガン (Carol Gulligan)
が発展させた道徳性の発達に関する文献から多くの情報を得ることができる。
その主たるアイディアは, 子どもたちは, 前慣習的水準 (pre-conventional,
服従と罰への志向, 自己利益志向) から慣習的水準 (conventional, 対人的同
調と「よい子」志向, 権威と社会秩序の維持への志向), 脱慣習的水準 (post-
conventional, 社会契約志向, 普遍的な倫理原則の志向) へと, 道徳的理由づ
け (moral reasoning) の発達段階を自然に登っていくというものである。[158]
　ジョン・デューイは,「教育とは, 心理機能を最も自由かつ最大に成長させ
ることができる条件を提供する営みである」と提唱している。[159]道徳性の発達が
うまく促される環境は, 集団に参加し, 意思決定を共に行い, 行為の結果に対
する責任を引き受ける機会が与えられた環境である。[160]また, コールバーグは,
学級レベルにおいて道徳性に関する議論を促す3つの条件を示している。

1. 一段階上の理由づけの議論に触れさせる。
2. 自身の今の道徳構造 (moral structure) では扱いにくかったり, 矛盾し
   たりする状況に触れさせ, 現在の自分の水準へ不満を感じるようにする。
3. 上2つの条件を備えたやりとりと対話の雰囲気の中で, 両立しない道徳的
   な考えを率直に比較する。[161]

Chapter 5 人間性の次元

　なお，倫理の知識をもっているからといって，必ずしも倫理的にふるまうわけではないことに注意して欲しい。道徳的行為は強く文脈に依存するし，意欲や感情の他，勇気のような他の資質，倫理面での素晴らしいお手本がいるかなど，さまざまな要因が絡むものである。

　道徳的な理由づけの発達段階と意志の強さをごまかし行動の蔓延と結びつけて検討した研究では，脱慣習的段階にある子どものうち，ごまかしをしたのは15%であったが，慣習的段階の参加者では55%，前慣習的段階の参加者では70%がごまかしをしたことが示されている。注目すべきは，慣習的段階の子どものうち，この研究において意思が強いとされた子どもはわずか26%しかごまかしをしていなかったことである。それに対し，意思が弱いと判定された子どもでは74%がごまかしをしていた。[162] 確かに，さまざまな学問分野の倫理原則（例：生命倫理）を学ぶことが倫理的なふるまいに何らかの影響を及ぼすことはあるかもしれないが，このことから考えると，倫理は知識の領域ではなく，1つの人間性特徴として考えることが妥当だと言える。

リーダーシップ

責任感，英雄的資質，自制，説明責任，忘己利他，謙遜，創造性，高潔，組織力，代表，チームワーク，助言，傾倒，関与，手本を示して導く，目標志向性，一貫性，自己省察，社会意識，異文化への意識，頼もしさ，信頼感，実直さ，効率性，生産性，結果志向性，焦点性，正確さ，プロジェクト管理，実効力，社交，交渉力，多様性，品位など

　人々を導くには，彼らとともに歩きなさい……。最も優れたリーダーとは，人々がその存在に気づかない人。次に優れたリーダーは，人々が尊敬し，褒め称える人。その次は恐れ，さらにその次は忌み嫌う。最高のリーダーの仕事が完了した時，人々は言うでしょう。「我々は自分たちの手で成し遂げた！」と。

——老子（Lao-Tsu）

　組織にとって有能なリーダーが必要であることは論を俟たないが，リーダー

シップ（leadership）に何が含まれているのか，またそれはどのようにして教えることができるのかについての考えは現在，変化の途上にある。システムコントロールの枠組み（systems control framework）に分類される伝統的な見方では，リーダーは，ある１つの固定した組織において，組織に有益な行動を部下に取らせるよう孤高に働く，卓越した，カリスマ性に満ちた，ほとんどスーパーヒーローのような個人として描かれてきた。これは，一般的な機械的組織観（mechanistic view of organization）と一致するものである。この考えでは，部下は追随者であり，リーダーは，その支配力を最大限に高め，組織の目標と使命の達成のために働くよう部下を動機づける専門家と見なされる。[163]

　しかし，この見方は，リーダーシップとは特別な人のみがもつもの（大半の人には手が届かないもの）であり，かなりの部分，先天的で教育できないものであることを意味している。それは静かなリーダーシップ[★5.4]（quiet leadership）の重要性を考えてきた研究とは相容れないし，[164]成功した指導者は，伝統的なヒーローの姿とは合わないことが多く，むしろ "内気で，気取らず，不器用で控えめ，しかし，自分のためではなく組織のために大望を抱いている" という研究とも食い違う。[165]

　これに対し，新たに出てきたリーダーシップのプロセス―関係性の枠組み（process-relational framework）では，組織とは "人々がお互いや自文化と関わりをもつ中でもたらされる，現在進行中の意味創出と活動のパターン" からなる社会的構成概念であることが強調される。[166]この見方では，リーダーシップとは，いかなる個人の問題でもなく，一連のプロセス，実践，相互作用のことである。[167]また完璧なコントロールは，可能なものでも望ましいものでもない。リーダーは，他の誰もがそうであるように，複数の分野にまたがった，しばしば矛盾した目標や情報を常に理解しなければならない。そして，彼らに必要なスキル（交渉や洞察に富んだ質問をするスキルなど）は，学ぶことができるものであるし，実際的なものである。[168]この枠組みは，個人のビジョンより集団のプロセスを重視することで，より柔軟かつ不確定性の高いものとなっている。

訳注　★5.4：ジョセフ・バダラッコの提唱した「忍耐強くて慎重で，一歩一歩行動する人，犠牲を出さずに自分の組織，周りの人々，自分自身にとって正しいと思われることを目立たずに実践する人」によるリーダーシップを表す言葉。

Chapter 5 人間性の次元

　また，この枠組みは，マネジメントの成功事例に関する最近の複雑系科学の
モデルとも一致している。このモデルでは，個々のリーダーは，当人のビジョ
ンをトップダウンで押しつけ，組織の力を個人の力の範囲に限定する存在では
なく，集団のプロセスと関係性を促進する存在である。[169]このようにリーダーシ
ップの概念を独りぼっちのヒーローから，関係的，集産主義的，非権威主義的
なアプローチへ変化させることで，ますます複雑で不確実性を増すこの世界に
対し，よりきめ細かい，思慮に富んだ意思決定とより柔軟な対応が可能になる
のである。

　最後に，広く受け入れられているリーダーシップの指導モデルでは，リーダ
ーシップを「一緒にポジティブな変化を成し遂げようと試みる人々の関係的で
倫理的なプロセス」と定義している。[170]この関係論的なリーダーシップのモデルは，
開放的であること（inclusive），力づけること（empowering），はっきりとした
目的をもっていること（purposeful），倫理的であること（ethical），そしてプロ
セスを志向すること（process oriented）という次元から構成されている。

● 原注 ……………………………………………………………………………………………………

109. J. C. Glenn, T. J. Gordon, and E. Florescu, "State of the Future," *World Federation of United Nations Associations*, (2007).
　　http://futurestudies.az/pdf/SOF_2008_Eng.pdf
110. R. Eckersley, "Postmodern Science: The Decline or Liberation of Science?" *Science Communication in Theory and Practice* eds. Susan M. Stocklmayer, Michael M. gore, Chris Bryant, Boston: Kluwer Academic Publishers (2001): 83–94.
111.Business and Industry Advisory Council,
　　http://biac.org/wpcontent/uploads/2015/06/15-06-Synthesis-BIAC-Character-Survey1.pdf
112. C. De Duve and N. Patterson, *Genetics Of Original Sin: The Impact Of Natural Selection On The Future Of Humanity* (New Haven, CT: Yale University Press, 2010).
113. UNESCO, *Learning: The Treasure Within,* 1996, Report from the International Commission on Education in the Twenty-First Century.
114. 総説として，Camille A. Farrington et al., *Teaching Adolescents to Become Learners: The Role of Noncognitive Factors in Shaping School Performance-A Critical Literature Review*. Consortium on Chicago School Research. 1313 East 60th Street, Chicago, IL 60637, 2012.
115. より詳しくは，www.unesco.org/new/en/education/themes/leading-the-internationalagenda/rethinking-education/visions-of-learning
116. 我々は，こうした非認知スキル，ソフトスキルという用語の誤った使い方は支持していないことにご注意いただきたい。

129

117. Bernie Trilling and Charles Fadel, *21st Century Skills* (San Francisco, CA: Wiley and Sons, 2009).

118. The Conference Board "Are They Really Ready to Work?" *AMA Critical Skills Survey*, PIAAC program (OECD).

119. Arthur E. Poropat, "Other-Rated Personality and Academic Performance: Evidence and Implications", *Learning and Individual Differences*, 34 (August 2014): 24–32. 次も参照。 Paul Tough, *How Children Succeed: Grit, Curiosity, and the Hidden Power of Character* (New York: Mariner Books, 2013).

120. T. Lickona, *Character Matters: How to Help Our Children Develop Good Judgment, Integrity, and Other Essential Virtues* (New York: Simon and Schuster, 2004).

121. Wikipedia, https://en.wikipedia.org/wiki/Big_Five_personality_traits

122. Howard Gardner, *Five Minds for the Future*, (Cambridge, MA: Harvard Business Review Press, 2009).

123. R. J. Sternberg, *Wisdom, Intelligence, and Creativity Synthesized* (New York: Cambridge University Press, 2003).

124. E. Morin, "Seven Complex Lessons in Education for the Future," UNESCO (1999).

125. 作業の過程において，道徳的ふるまい（behavior）と行い（performance）の区別は困難であり，両者が重なっていることがわかった。同様の理由により，個人間のものと個人内のものの区別もしないこととした。

126. D. McCown, D. Reibel, and Marc S. Micozzi, *Teaching Mindfulness: A Practical Guide for Clinicians and Educators* (New York: Springer, 2010).

127. K. E. Hooker and I. E. Fodor "Teaching Mindfulness to Children," *Gestalt Review* 12, no. 1 (2008): 75–91.

128. J. Kabat-Zinn, *Full Catastrophe Living: Using the Wisdom of Your Body and Mind to Face Stress, Pain, and Illness* (New York: Delacorte, 1990).

129. E. J. Langer, "A Mindful Education," *Educational Psychologist* 28, no. 1 (1993): 43–50.

130. I. E. Fodor, and K. E. Hooker. "Teaching Mindfulness to Children," *Gestalt Review* 12, no. 1 (2008): 75–91.

131. K. W. Brown and R. M. Ryan, "The Benefits Of Being Present: Mindfulness And Its Role In Psychological Well-Being," *Journal of Personality and Social Psychology* 84, no. 4 (2003): 822–848.

132. D. Orr, "The Uses Of Mindfulness In Anti-Oppressive Pedagogies: Philosophy And Praxis," *Canadian Journal of Education* 27, no. 4 (2014): 477–497.

133. H. Bai, ("Beyond Educated Mind: Towards a Pedagogy of Mindfulness," in *Unfolding Bodymind: Exploring Possibilities Through Education*, eds. B. Hockings, J. Haskell, and W. Linds (Brandon, VT: The Foundation for Educational Renewal, 2001), 86–99.

134. F. Zeidan et al., "Mindfulness Meditation Improves Cognition: Evidence Of Brief Mental Training," *Consciousness and Cognition*. (2010).

135. Cicero, *De Finibus Bonorum et Malorum*, H. Rackham, trans. (Cambridge, MA: Harvard Press, 1914).

136. Aristotle, *Metaphysics* (Cambridge, MA: Harvard University Press, 1933).

137. G. Lowenstein, "The Psychology of Curiosity: A Review and Reinterpretation," *Psychological*

Chapter 5 人間性の次元

Bulletin 11, no. 1 (1994): 75–98.

138. D. E. Berlyne, *Conflict, Arousal and Curiosity* (New York: McGraw-Hill, 1960).

139. Lowenstein, "The Psychology of Curiosity: A Review and Reinterpretation," 75-98.

140. J. Kagan, "Motives and Development," *Journal of Personality and Social Psychology* 22, no. 1 (1972): 51.

141. N. Miyake and D. A. Norman, "To Ask A Question, One Must Know Enough To Know What Is Not Known," *Journal of Verbal Learning and Verbal Behavior* 18, no. 3 (1979): 357–364.

142. Lowenstein, "The Psychology of Curiosity," 75–98.

143. K. M. Jeong et al., "The Wick in the Candle of Learning Epistemic Curiosity Activates Reward Circuitry and Enhances Memory," *Psychological Science* 20, no. 8 (2009): 963–973.

144. Brené Brown, *Daring Greatly: How the Courage to be Vulnerable Transforms The Way We Live, Love, Parent, and Lead* (New York: Penguin, 2012).

145. L. E. Palich and D. Ray Bagby, "Using Cognitive Theory To Explain Entrepreneurial Risk-Taking: Challenging Conventional Wisdom," *Journal of Business Venturing* 10, no. 6 (1995): 425–438, doi:10.1016/0883-9026(95)00082-J

146. C. R. Rate and R. J. Sternberg, "When Good People Do Nothing: A Failure Of Courage," *Research Companion to the Dysfunctional Workplac.* (Edward Elgar Publishing Limited, 2007): 3–21.

147. L. Steinberg, "Risk Taking in Adolescence: New Perspectives From Brain and Behavioral Science," *Current Directions in Psychological Science* 16, no. 2, (2007): 55–59.

148. J. P. Byrnes, D. C. Miller, and W. D. Schafer, "Gender Differences in Risk Taking: A Meta-Analysis," 125 no. 3 (1999): 367–383.

149. B. L. Fredrickson, "The Role Of Positive Emotions In Positive Psychology: The Broaden-And-Build Theory Of Positive Emotions," *American Psychologist* 56 (2001): 218–226.

150. S. T. Hannah, P. J. Sweeney, and P. B. Lester, "Toward A Courageous Mindset: The Subjective Act And Experience Of Courage," *The Journal of Positive Psychology* 2, no. 2 (2007): 129–135.

151. S. S. Luthar, D. Cicchetti, and B. Becker, "The Construct of Resilience: A Critical Evaluation and Guidelines for Future Work," *Child Development* 71 (2000): 543–562.

152. A. Duckworth et al., "Grit: Perseverance and Passion for Long-Term Goals," *Journal of Personality and Social Psychology* 92, no. 6 (2007): 1087–1101.

153. B. Benard, "Fostering Resilience in Children," ERIC Digest (1995).

154. P. Rees and K. Bailey, "Positive Exceptions: Learning from Students who Beat the Odds,"' *Educational and Child Psychology* 20, no. 4 (2003): 41–59.

155. N. Garmezy and M. Rutter, *Stress, Coping and Development in Children* (New York: McGraw-Hill, 1983).

156. E. Werner, "Protective Factors and Individual Resilience," in S. J. S. Meisels. ed., *Handbook of Early Childhood Intervention* (Cambridge, UK: Cambridge University Press, 1990).

157. C. Cefai, *Promoting Resilience in the Classroom: A Guide to Developing Pupils' Emotional and Cognitive Skills* (London: Jessica Kingsley Publishers, 2008).

158. L. Kohlberg, *The Philosophy Of Moral Development: Moral Stages And The Idea Of Justice (Essays On Moral Development, Volume 1)* (San Francisco: Harper and Row, 1981).

159. J. Dewey as cited in L. Kohlberg and R. H. Hersh, "Moral Development: A Review of the Theory," *Theory into Practice* 16, no. 2, (1977): 53–59.

160. L. Kohlberg, "Moral Stages, Moralization: the Cognitive Developmental Approach," In: T. Lickona, ed. *Moral Development And Behavior* (New York: Holt, Rinehart, Winston, 1976), 54 as cited in R. M. Krawczyk, "Teaching Ethics: Effect on Moral Development," *Nursing Ethics* 4, no. 1 (January 1997): 57–65.

161. L. Kohlberg, "The Cognitive-Developmental Approach to Moral Education," *The Phi Delta Kappan* 56, no. 10 (1975): 670–677.

162. R. L. Krebs and L. Kohlberg, "Moral Judgment And Ego Controls As Determinants Of Resistance To Cheating," *Moral Education Research Foundation*, (1973) quoted in Kohlberg, "The Cognitive-Developmental Approach to Moral Education," 670–677.

163. A. Hay and M. Hodgkinson, "Rethinking Leadership: A Way Forward for Teaching Leadership?" *Leadership and Organization Development Journal* 27, no. 2 (2006): 144–158.

164. J. L. Badaracco, "We Don' t Need Another Hero," *Harvard Business Review* 79, no. 8 (2001): 121–126.

165. J. Collins, "Level 5 Leadership: The Triumph Of Humility And Fierce Resolve" *Harvard Business Review* 79, no.1 (2001): 67–76.

166. T. J. Watson, Organizing and Managing Work, Prentice Hall: London (2002): 6, quoted in A. Hay and M. Hodgkinson, "Rethinking Leadership: a way forward for teaching leadership?" *Leadership and Organization Development Journal* 27, no. 2 (2006).

167. L. Crevani, M. Lindgren, and J. Packendorff, "Leadership, Not Leaders: On The Study Of Leadership As Practices And Interactions," *Scandinavian Journal of Management* 26, no. 1 (2010): 77–86.

168. Hay and Hodgkinson, "Rethinking Leadership" (2006).

169. Y. Bar-Yam, "Complexity Rising: From Human Beings To Human Civilization, A Complexity Profile," *Encyclopedia of Life Support Systems* (EOLSS UNESCO Publishers, Oxford, UK, 2002).

170. S. R. Komives, N. Lucas, and T. R. McMahon, *Exploring Leadership: For College Students Who Want to Make a Difference*, 2nd ed. (San Francisco: Jossey-Bass/Wiley, 2006).

Chapter 6
メタ学習の次元

　21世紀では無学者とは，読み書きができない人のことではなく，学ぶことができない人，誤った学びを捨てられない人，学び直すことができない人のことを指すようになるだろう。

　　　　　　　　　――心理学者ヘルバート・ゲルジュオイ（Herbert Gerjuoy）
　　　　　　　　　　　　　　未来学者アルビン・トフラー（Alvin Toffler）
　　　　　　　　　　『未来の衝撃』（Future Shock）における引用より[171]

　21世紀に求められる適切な知識，スキル，人間性特徴の再設計に加え，我々は，子どもたちがふり返りをしたり，自らの学びについて学んだり，努力を促す成長的思考態度（growth mindset）を身につけたり，目標に応じて学習や行動を調整する術を学んだりする，教育のメタ的な階層が必要だと考えている。この次元のことを OECD は省察性（reflectiveness）[★6.1]と呼び，EU のキー・コンピテンシー参照枠組み（Reference Framework of Key Competencies）やヒューレット財団のより深い学びのコンピテンシー（Deeper Learning Competencies），そして21世紀型スキルの学びと評価（the Assessment and Teaching of Twenty-First Century Skills）は，いずれも「学び方の学習」

訳注　★6.1：思慮深さ，反省性とも訳される。

（learning how to learn）と呼んでいる。

　変わりゆく世界に子どもたちを備えさせる最も確実な方法は，多能で，よく考え，自主・自律的にふるまう人間になるための道具を彼らに与えることなのである。

メタ認知 ―学習の目標，方略，結果について省察する

　メタ認知（meta cognition）とは，簡単に言えば，考えることについて考えるプロセスのことである。メタ認知は，現在の自分の状態やこの先の目標，可能な行為や方略，そして結果について内省することであり，学校や日常生活のあらゆる面で大切なものである。メタ認知は，本質的には生き残りのための基本戦略の1つであり，ネズミでさえもそれをもつことがわかっている[172]。

　おそらく，メタ認知を育成しなければならない最大の理由は，メタ認知を働かせることで，知識やスキル，人間性特徴を，それを学んだ文脈以外の領域で使うことができるようになる点にある[173]。これによりコンピテンシーを，学問分野を越えて転移（transfer）させることが可能となる。実際の生活場面では学問の境界は曖昧で，ありとあらゆる経験の中から必要なコンピテンシーを選び出し，それを目の前の課題でうまく使わなければならない。コンピテンシーの転移は，子どもたちがそれを行ううえで重要である。また，コンピテンシーの転移は学問の場においても原理や方法を分野の境界を越えて応用するのに役立つ（むしろ，それが求められることが多い）。さらに，転移は個々の学問分野の中でも不可欠である。たとえば，ある概念や技能を特定の事例で学んだら，それを別の課題に応用して宿題や試験に答えたり，他の文脈に当てはめたりすることができなければならない。子どもたちは学校で学んだことを身につけ，それを実生活に活かすことを求められている。このことを考えると，転移はすべての教育にとっての究極的なゴールだと言える。

　メタ認知の意義とそれが学習の中で実際にどのように機能しているかを，数学の例で考えてみよう。先行研究は，数学の学習とその成果にメタ認知が中心的な役割を果たすことを示している[174]。たとえば，ある研究は，入門レベルの子

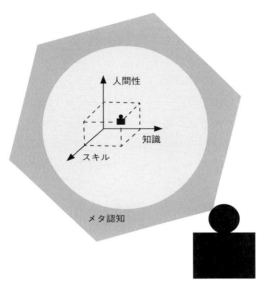

図6.1 メタ認知
出典：CCR

どもと熟達した数学者とを比較し，子どもたちが一見良さそうな解き方を選んだ後，そのやり方で本当にうまくいくかを確かめないまま，それにこだわり続けることを見いだした。結果として子どもたちがかなりの時間を無駄に費やしてしまったのに対し，より経験豊富な数学者は，選んだやり方が本当に正解に至るものか，それともただの行き止まりに通ずる道かをメタ認知を働かせて常にモニターしていた。[175]学習のプロセスにどのように向き合っているかを自覚することは，子どもたちが目の前の問題をどのようにとらえるかや，学習目標を達成するためにどのような方法を選択，採用するかに影響する。それは問題解決を高い水準で成し遂げることにつながるし，またそれゆえに幅広い文脈で利用可能なものである。メタ認知を使う方略は，あらゆる学問の学び，学問をまたがった学び，さらには学習一般における強力な道具なのである。

　もちろん，こうした抽象的な学習目標については，教育者がそれを正しく教えることが重要である。子どもたちの学習方法を改善する昔ながらのやり方は，お決まりの方法（ノートをとること，自己テスト，スケジューリングなど）に

重きを置いたものが多い。それによって初めはやる気が高められ、一時的な成績の向上ももたらされるだろうが、結局はもとのやり方に戻ってしまうのがよくあるパターンである[176]。こうした勉強テクニックは短期間ならば機能するだろうが（例：試験に向けて詰め込み学習をする）、その方法を違う文脈でも使うようになることはあまりない。これに対し、メタ認知を重視した、深い学びのためのより戦略的な方法——たとえば、成長的思考態度（後述）を育成することや、自分の学習目標を立て、それをモニタリングすること、難しくてもやり抜く力を伸ばすことなど——では、学びの恩恵をより長く受けることができることがわかっている[177]。

　なお、メタ認知は下位レベルの思考を監督する上位レベルの思考を指す言葉なので、実際には、その定義に当てはまる心的プロセスにさまざまなものがある点に注意してほしい。メタ認知をトレーニングすることの効果は、"どのような"下位レベルの思考を"どのように"監督するかによって変わってくる。先行研究は、メタ認知のプロセスの報告の水準として次の3つを見いだしているが、問題解決などの向上につながるのは、このうち3つ目の水準のみである[178]。

1. すでに言語的な知識を言葉で表現する（例：物語の中の出来事を思い出して報告する）。

2. 非言語的な知識を言葉で表現する（例：ルービックキューブをどうやって解いたかを思い出して報告する）。

3. 言語的または非言語的な知識に関する"説明"を言葉で表現する（例：物語の修辞構造の知識を読みにおいてどのように利用しているかを説明する）。

　メタ認知は、子どもたちのその時の目標に即して育成されるものであり、どのような成績の子どもであっても、コンピテンシーの学習[179]や学習の転移[180]を深めることができる。実際のところ、成績の高い子どもはうまいやり方をすでに使っているので、メタ認知の育成が最も有効なのは、むしろ成績の低い子どもで

あろう[181]。また，メタ認知のトレーニングは，学習障害（learning disabilities）をもつ子どもや成績の低い子どもに対し，彼らのふるまいを，昔ながらの注意制御訓練（attention-control training）より効果的に改善することも明らかになっている[182]。

　自己効力感（self-efficacy，目標を達成する力に自信があること）が高い子どもほどよりメタ認知を働かせ，その結果として高い水準のパフォーマンスを示すことが多いこともわかっている[183]。このことは，成績優秀な子どもにおける正のフィードバック・ループの存在を強く示唆している。彼らはメタ認知方略を使うことでより成功し，そのことが彼らの自信をさらに強め，それによりパフォーマンスが向上し続けるのである。メタ認知はこうした学習の好循環に不可欠の要素であり，それを指導することで更に向上させることができる。

成長的思考態度を身につける

　考えるまでもなく，子どもたちはみな，自分の才能や努力することの大切さについてのさまざまなメッセージを社会から受け取り，その影響を受けている。それが子どもたちの心に作りだす暗黙のモデルはさまざまな形で見ることができる。子どもたちはしばしば，良い点数がとれた試験で自分がいかに勉強していなかったかを自慢したり，何かの教科について「本当に苦手だ」と主張したりする。こうした例や子どもたちのその他多くのふるまいの中に，成功することに才能や努力がどれだけ重要であるかに関する，彼らの無意識の考えを見て取ることができる。

　キャロル・ドゥエック（Carol Dweck）の研究によると，成功についての心的モデルは大きく2つに分類することができる。固定的思考態度（fixed mindset）をもつ人々は，知能や才能といった基本的資質は変わらないものだと信じている。そうした人々は，自分の知能や才能を高めることよりも，むしろそれを示すことに時間を使う。また，そうした人々は成功を生むのは努力でなく，唯一，才能のみであると考えている。この考えは，子どもたちに自分でも気づかないうちに自滅的な行動パターンをとらせることになる。一方，成長

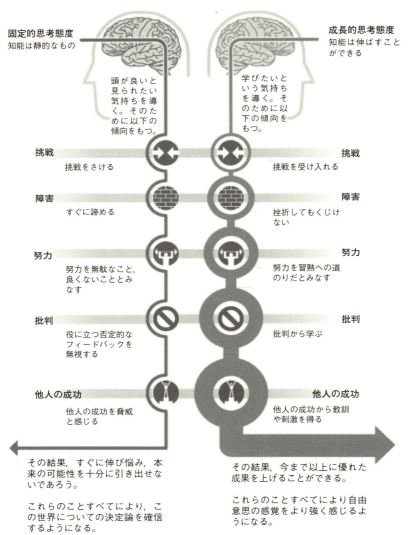

図6.2 2つの思考態度
出典：*Mindset* by Carol Dweck

的思考態度（growth mindset）をもつ人々は、才能は単なる出発点にすぎないと認識し、自分の能力は一生懸命に努力することで伸ばせるものだと信じている。この考えは、学びを志向した向学心（love of learning）や、努力して成功することに大切なレジリエンス（resilience）を生みだすものである。

もちろん、成功をもたらすものは、生まれもっての才能と懸命な努力の"両方"である。知能テストの発明者アルフレッド・ビネ（Alfred Binet）は、知能を高めることには教育が不可欠であると信じていた。

> 最近の哲学者の一部は、知能は固定したものであり、高められないとの嘆かわしい意見を倫理的に認めたようである。我々はこの野蛮な悲観主義に抗議し、反対していかねばならない。我々はこの主張に何の根拠もないことを示していきたい。人間は練習やトレーニング、そしてとりわけ一定の学習法によって、自分の注意力や記憶力、判断力を高めることができるし、文字通り、前よりもっと賢くなることができるのである。[184]

実際、現在では、一見変わらないように思える力であっても、練習や訓練によっていかにそれを高めることができるかについて多くのことがわかっている。たとえば、フリーダイビングの世界チャンピオン、ハーバート・ニッチ（Herbert Nitsch）[185]は、9分以上も息を止めることができるそうである。また、かつて脳は変化しないと考えられていたが、後に、それが変化する一定の成長期間があることが認められるようになった。そして今では、脳は一瞬一瞬の経験でまさしく文字通り変化し、こうした経験の積み重ねとして性格や意識上の体験が生みだされていることがわかっている。

では、ここで述べた思考態度（mindset）は、学校において、子どもたちの目標とそれに応じたふるまいにどのような影響を与えているのだろうか？
学習目標（learning goal, 成長的思考態度と結びついている）をもつ子どもは、授業で学んだスキルや理解したこと、考え方を自分のものにすることに関心がある。一方、遂行目標（performance goal, 固定的思考態度と結びついている）をもつ子どもは、教わったことをちゃんと身につけたと他者から見られることにもっぱら関心がある。学習志向（learning-oriented）の子どもは、間

違いを成長や改善のチャンスであると考えることが多いのに対し，遂行志向（performance-oriented）の子どもはただの失敗と考える。その結果，挑戦すべきことを前に学習志向の子どもがよりいっそう努力するのに対し，遂行志向の子どもはそれほど頑張らないということになる。[186]

　学習志向の子どもは，メタ認知方略をより多く使用する傾向にあり，そのため高い水準の学業成績を成し遂げることができる。[187]個人の学習能力に関するこうした心の中の構えは，潜在的にも顕在的にも，早ければ小学校3年生から，[188]子どものメタ認知プロセスに影響しており，それによりさまざまな学習方略が使用される（もしくはされない）ようになるのである。

メタ学習の大切さ

　大人になると，もはや誰かに目標や締め切りを決めてもらえたり，押しつけられたりすることはない。大多数の人は学校以外の場で日常を過ごしており，豊かな人生を送るため，また社会が直面する問題に対応するために成長・発展し続けることを自ら動機づけていかねばならない。世界について理解したことは，学べば学ぶほど古いものになっていく。たとえば，臨床研究の世界では，真実とされたことの半減期は45年であるという。[189]このことは，医師が学校で学んだことは，自分で知識を更新しない限り，退職する頃にはその半分が誤ったものになっていることを意味している。学び続けると決意した人ですら，そのためには相当の努力をしているはずだ。オンライン授業に申し込んだ人のうち，最後まで続ける人は平均してわずか7％であるという。[190]自分の弱い点を認識し，自らを成長へと推し進めるためにはメタ学習（meta-learning）が必要である。

　メタ学習のない教育はその効果が限られる。実際，人々はこの世界での意思決定に，自分の知っていることを（深く理解していることですら！）あまり役立てていないという証拠がある。たとえば，ある研究は，倫理学者がそうでない人よりも倫理的な生活を送っているか否かを調べている。

Chapter 6　メタ学習の次元

　　　データが示すところでは，倫理学者が他の人よりも，慈善団体に寄付したり，
　　菜食主義だったり，学生からの電子メールにちゃんと返信したり，払うべき学
　　会参加費を払ったり，図書館に本を返したり，選挙で投票したり，母親に定期
　　的に電話したり，献血や臓器提供をしたり，会議で礼儀正しくふるまったりし
　　ているということはないようだ。[191]

　成長の機会に気づくための鍵はメタ認知であり，自分は成長できると信じる
ためには成長的思考態度が欠かせない。そして，自らの学びの方略をうまく計
画し，モニターし，評価することにもメタ認知が必要になる。
　メタ学習は教育の第4の次元である。それは，すべての子どもについて現在・
未来のさまざまな学習を助け，あらゆる仕事や，必ず訪れる人生の大事な選択
にも役立つものである。それは心の中の声であり，「これは本当に正しい選択
だろうか？」とか，「頑張ればできるはず！」とか言ったりする。メタ学習は
学びの目標と，教師や親の促しがなくとも子ども自らの力で成長・発展を続け
るフィードバック・ループを生みだすことで，教育の他の次元（知識，スキル，
人間性）を助け，それを完成させるものである。そしてメタ学習は，有能で豊
かな21世紀の人間に求められる資質が変わり続ける中で，子どもたちを，生
涯にわたって自律的に学ぶことができるよう，充実したキャリアを選ぶことが
できるよう，人生を通じ成長し続けることができるように育成するものである。

● 原注 ....

171. Flexnib, "That Alvin Toffler Quotation,"
　　http://www.flexnib.com/2013/07/03/that-alvin-toffler-quotation
172. 以下の文献によると，ネズミに課題遂行の辞退を選べる課題（課題に失敗するよりも，辞退し
　　た方が多くの報酬をもらえる）を与えたところ，予想通り，課題が難しくなるにつれ，より頻繁
　　に課題を辞退するようになった。また，ネズミが自ら課題遂行を選んだ試行では，それを強制さ
　　れた試行に比べ，より正確性が高くなった。
　　A. L. Foote and J. D. Crystal, "Metacognition in the Rat," *Current Biology* 17, no. 6 (2007): 551–555.
173. Gregory Schraw and David Moshman, "Metacognitive Theories," *Educational Psychology
　　Papers and Publications,* Paper 40 (1995).
174. Z. Mevarech, and B. Kramarski, *Critical Maths for Innovative Societies: The Role of
　　Metacognitive Pedagogies* (Paris, France: OECD Publishing, 2014).
175. A. Gourgey, "Metacognition in Basic Skills Instruction," *Instructional Science* 26, no. 1 (1998):

81–96.

176. E. Martin and P. Ramsden, "Learning Skills and Skill in Learning," in J. T. E. Richardson, M. Eysenck, and D. Warren-Piper (Eds.), *Student Learning: Research in Education and Cognitive Psychology* (Guildford, Surrey: Society for Research into Higher Education and NFER-Nelson, 1986) as cited in J. Biggs, "The Role of Metacognition in Enhancing Learning," *Australian Journal of Education* 32, no. 2, (1988): 127–138.

177. Biggs, "The Role of Metacognition in Enhancing Learning," 127–138.

178. D. J. Hacker and J. Dunlosky, "Not All Metacognition Is Created Equal," *New Directions for Teaching and Learning* 95 (2003): 73–79.

179. A. M. Schmidt and J. K. Ford, "Learning Within a Learner Control Training Environment: the Interactive Effects of Goal Orientation and Metacognitive Instruction on Learning Outcomes," *Personnel Psychology* 56, no. 2 (2003): 405–429.

180. J. K. Ford et al., "Relationships of Goal Orientation, Metacognitive Activity, and Practice Strategies With Learning Outcomes and Transfer," *Journal of Applied Psychology* 83, no. 2 (1998): 218–233.

181. W. J. McKeachie, "The Need for Study Strategy Training," In C. E. Weinstein, E. T. Goetz, and P. A. Alexander, eds., *Learning And Study Strategies: Issues In Assessment, Instruction, And Evaluation* (New York: Academic Press, 1988), 3–9.

182. K. A. Larson and M. M. Gerber, "Effects of Social Metacognitive Training of Enhanced Overt Behavior in Learning Disabled and Low Achieving Delinquents," *Exceptional Children* 54, no.3 (1987), 201–211

183. Kanfer and Ackerman, 1989 and Bouffard-Bouchard, Parent, and Larivee, 1991, as cited in S. Coutinho, "Self-Efficacy, Metacognition, and Performance," *North American Journal of Psychology* 10, no. 1 (2008): 165–172.

184. Baldwin Hergenhahn and Tracy Henley. *An Introduction to the History of Psychology*, 7th ed. (Belmont, CA: Cengage Learning, 2013).

185. フリーダイビングとは，呼吸のための道具をいっさい使わずにダイビングを行うことである。

186. D. B. Miele, L. K. Son, and J. Metcalfe, "Children's Naive Theories of Intelligence Influence Their Metacognitive Judgments," *Child Development* 84, no. 6 (2013): 1879–1886.

187. S. A. Coutinho, "The Relationship Between Goals, Metacognition, and Academic Success," *Educate* 7, no. 1 (2007): 39–47.

188. Miele, Son, and Metcalfe, "Children's Naive Theories," 1879–1886.

189. T. Poynard et al., "Truth Survival in Clinical Research: An Evidence-Based Requiem?" *Annals of Internal Medicine* 136, no. 12 (2002): 888–895.

190. Chris Parr, "Not Staying the Course," *Inside Higher Ed*, www.insidehighered.com/news/2013/05/10/new-study-low-mooc-completionrates

191. E. Schwitzgebel, "The Moral Behavior of Ethicists and the Role of the Philosopher" in *Experimental Ethics: Toward an Empirical Moral Philosophy*, C. Luetge, H. Rusch, and M. Uhl, eds. (New York: MacMillan, 2013).

Chapter 7
"どのように"について簡潔にふれる

"何を"と"どのように"の間にあるフィードバック・ループ

　本書は，教育に関する"何を"（what）について論じたものであるが，"何を"と"どのように"（how）の間にあるフィードバック・ループの重要性も理解している。一般に教育管区は，地域や学校の決定にある程度の柔軟性をもちながらも，どのようなスタンダードや評価を実施するかを決めている。一方，学校はそれに対し，カリキュラムや指導の実践を通じて得られたフィードバックや，評価や研究・開発（Research and Development, R&D）で調べた，何がうまくいき，何がうまくいかなかったかに関する情報を教育管区に提供している。

　我々はまた，教室における，子どもと教師の"どのように"も重要であることを理解している。同じトピックでも退屈で何の効果も得られない教え方がある一方で，生涯続く実用的（practical），認知的（cognitive），情緒的（emotional）な価値をもたせることができる教え方もあるだろう。

　スキル（skills），人間性（character），メタ学習（meta-learning）の章からすると，たとえば，勇気（courage）を教室の学びだけで育成できるとか，授業を受動的に聞くことでコミュニケーション（communication）の力が身につ

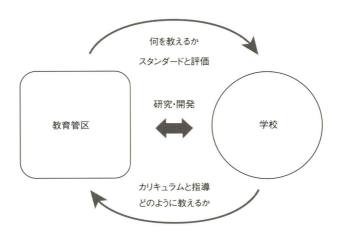

図7.1 "何を"と"どのように"のフィードバックループ
出典：CCR

くとかは，ありえないことがわかる。Chapter 3で述べた「うまくいけば」という但し書きは，内容が教育目標と一致した実践であるかによって決まるのである。21世紀の学習者を作りあげる教育実践には，知識の構築やスキルの学び，人間性特徴の育成，メタ学習方略の適用といった学びの活動が含まれる。これらの活動は多くの場合，講義中心の授業を越えた，プロジェクト型学習や探究学習，ディベート，デザイン，パフォーマンス，実地調査，スポーツ，熟考，演劇などに広がるものである。もちろん，教室においてテクノロジーをうまく使うことも重要である。最後に，この重要な話題についてごく簡単に説明する。

テクノロジーとの相互作用

注：この節は，教育テクノロジー（education technology）の使い方をすべて説明するものではないし，その有効性を証明するものでもない。そのためには，もう一冊別の本が必要である。ここでの目標は，その試みの可能性を手短に強調することである。

Chapter 7 "どのように"について簡潔にふれる

　我々は人が次のように尋ねるのをよく耳にする。「テクノロジーは教室でどのように使えますか？」と。しかし，より望ましくは「テクノロジーは，我々が教室でしたいことをどのように高めてくれますか？」と問うべきだろう。教えることこそが第一であり，テクノロジーは見えないものであるべきだ。学校でテクノロジーを目立たせると的外れなことになる。強調すべきは，テクノロジーが可能にした学びの方であり，内容とコンピテンシー（competency）こそがキングとクイーンでなければならないのだ。[192]

　教育におけるテクノロジーの使い方を考えるときに，忘れてはいけないのは，それは特効薬でも，教育を破綻させるものでもないということである。テクノロジーそれ自体は目的ではない。テクノロジーは子どもの体験や学びを高めるための役に立つ道具なのである。

　たとえば，もしある子どもが，数学の問題を解く際に意味づけ（sense making）を行うことが身についていないとしたら，コンピュータの利用は，そのスキルがないことを隠し，それをますます悪化させてしまうだろう。子どもが概念を表面的にしか理解していなくとも，深く理解していないことをテクノロジーでごまかすことで，なんとかやりすごすことができてしまうからだ。一方で，この問題の克服に使うことができるテクノロジーも存在する。たとえば，QAMA計算機[193]では，はじめに計算結果の適切な見積もりを入力しなければ，正しい答えが表示されないようになっている。[194]このように，テクノロジーはただの表面的な理解を促す道具にもなるし，深い理解を与える道具にもなるのである。

　テクノロジーの強みは，手作業に比べて，より多くのアルゴリズムやデータを高速に処理することが可能な力をもっていることであり，子どもたちにその利点を活用する方法を学ばせることが大事である。そうすることでテクノロジーは，子どもたちにより高次な思考スキルの実践やその向上を行うための時間と場所を解放してくれる。たとえば，実世界のデータやプログラミングをともなう複雑な数学の問題を解くための道具として，ソフトウェアを利用することができる。これは，コンピュータ支援（computer-assisted）の数学教育とコンピュータ・ベース（computer-based）の数学教育[195]の大きな違いである。コンピュータ支援の学習では，テクノロジーは学習を向上させる目的では使われ

ず，単に伝統的な学習をコンピュータ・インターフェースで置き換えただけである。これに対し，コンピュータ・ベースの学習では，子どもたちが高次な思考スキルを訓練するための道具としてコンピュータを使うのである。

テクノロジーの他の利点としては，子どもたちを世界中のとてつもない量の情報やさまざまなアイディアに触れさせることができる点があげられる。子どもたちは，あらゆる意見が表出された世界の中で，情報の批判的な消費者になることを学ばねばならない。たとえば，あるブロガーがこの研究をAの方向で解釈している一方で，別のブロガーはBの解釈をしていることの意味は何か？　ある研究ではAが正しいとされている一方で，別の研究ではそれが誤りとなっていることの意味は何か？　子どもたちは，情報に富んだ，さまざまな意見が飛び交う環境を扱うための知恵を経験則で学ぶ必要がある（これはChapter 3で述べた情報リテラシーのテーマの目標である）。

テクノロジーは，子どもたちを世界中の人々と結びつける力ももっている。そう遠くない昔，文通には手紙を送る面倒くささがあり，また時間がかかるのでやりとりも制限されていた。これに対し現在，我々は，同じ興味・関心をもつ人や趣味が合わない人，自分とは異なる人とも即座につながる力をもっている。これにより我々は，他の文化や自分自身について学ぶ機会，そして，この互いに結びついた世界で生きるのに必要なコミュニケーション（communication），協働（collaboration），批判的・創造的思考（critical and creative thinking）のスキルを実践する素晴らしい機会を得ることができている。

最後に，完全な実現にはまだ時間がかかるが，テクノロジーは個々の子どものニーズに応じたパーソナライゼーション（personalization，個別化）を可能にする。将来，テクノロジーは，子どもの行動や最新の研究，学習理論，個別化された学習の道のりのパターンなどから学んで，個々の子どもに最適な量のフィードバックや適切な困難度の学習課題を提示したり，最も効果的な助言のタイミングを教師に知らせたりすることができるようになるだろう。学習はビデオゲームやヴァーチャル・リアリティ環境と同じくらい没入的，刺激的になり，そこでは子どもたちの自律性，熟達目標，大きな目的が学びの動機づけを高めるようになっているだろう。そして学びの進捗具合は，学習と完全に統合

Chapter 7 "どのように"について簡潔にふれる

された評価によって追跡される。その学習システムは，子どもたちの学びを形成的に導き，必要に応じリアルタイムに説明の仕方を変え，学習の進行を常に最適にチューニングしてくれるものになるだろう。

● 原注 ……………………………………………………………………………………………

192. P. Nilsson, "The Challenge of Innovation," *Critical Thinking and Creativity: Learning Outside the Box Conference.* Bilkent University (2011).

193. QAMA, http://qamacalculator.com

194. どのくらい近ければ十分に近いと見なされるかは，この計算機のアルゴリズムの企業秘密である。

195. Computer-based math, www.computerbasedmath.org

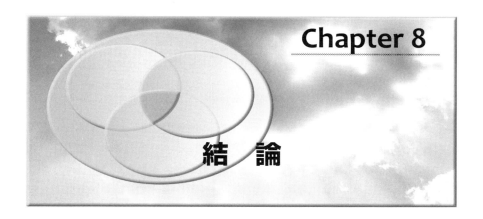

Chapter 8 結 論

教育，根拠，アクション

　もし子どもたちに上手く教えることができたとして，この本で示した枠組み（framework）のすべての次元や要素は，本当に人類に利益をもたらすものなのだろうか？　それについてはまだ十分な科学的根拠がないという人もいるかもしれない。結局のところ，科学的にはまだ疑う余地がないほど証明されたわけではないのである。

　科学的事実については，誤った二分法（false dichotomy）に陥る危険性がある。これは，科学によって 100 ％ 正しいと証明されたものと，現時点では何も言うことができないものの 2 つに分けて考えてしまう極端な思考である。進化論のような確立された科学的概念でさえ，"完全には証明されていない" ので誤りと証明されたのと同じだ，と考える人たちからのおかしな批判に今でもさらされている。

　しかし，まだ不確実なものだとしても，教育の設計に関してできる限り最善のことをする責任が我々にはあるはずである。根拠が不完全な理由の 1 つは，このような広い教育目標や社会的進歩の指標は，暗記された内容知識や計算のようなごく基本的な技能よりも評価が難しいという点にある。しかし，カリキュラムは成果の測定が容易か難しいかという基準で決めるべきものではない。

見つかりそうなところでのみ答えを探すという街灯効果[196]（streetlight effect）や観察者バイアス（observational bias）は避けたいものである。それゆえに我々は，世界からの要求と適切な教育目標という現実的な考えからあえて始め，今の教育の増分としてではなく，これから必要な教育として枠組みをまとめあげているのである。

　現実には，科学者はいつでも深くて浅い不確実性のプールの中を泳いでいるし，政策決定者は，100％の証明がなくても行動を起こさなければならないことばかりである。現実世界では，絶対の真理をもとに動くことはめったにないのである。忘れていけないのは，今の教育システムを変えるアクションをしないことはそれ自体がアクションであり，信じるに足る強い証拠が得られるのを待つことは現在の問題を長期化させるだけだということである。現在のシステムは，すべての子どもたちに21世紀の世界で成功するための準備をさせるという野心的な目標を達成できておらず，また，子どもたちに必要なものと学校が与えるものとの差も十分な速度で縮まっているとは言えない。科学による絶対的な証明という誤った基準のためにシステムの改善に失敗することは，許容可能な選択肢ではない。

　また，現在の教育システムも"根拠があるから"というフリーパスを受け取るべきではない。批判的に見れば，既存の教育システムの欠陥を示す研究はいくらでもある。現在のシステムで成功した子どもにしても，彼らが別のシステムで教育を受けた場合に，今よりもっと活躍しなかったかどうかはわからない。

　コンラッド・ウルフラム（Conrad Wolfram）は，「技術革新が導く根拠」（innovation-led evidence，まず製品を作り，次にその価値をテストする）と，「根拠が導く技術革新」（evidence-led innovation，先行製品から得られた根拠が，新製品のデザイン目標になる）の2つを区別した[197]。ウルフラムの考えでは，結果の妥当性は常に立証されていなければならないのが当然であるにもかかわらず，前者の方がずっと生産的だと言う。これに対し後者は，その定義上，先行する製品の範囲にモノづくりが限定されるので，抜本的な技術革新は起こりえない。

　劇的に新しいものを作りだすときには，ありきたりな方法で過去から根拠を集めることはまったく重要でない。それには1つ，2つのジャンプ，すなわち

新しい視点からの新しい洞察が必要である。こうしたジャンプは，長期間の観察や実験，反復，そして何より不思議なひらめきから生まれる。しかし，どこから生まれたとしても，根拠が先にあるということはありえない。

より大事なことに，我々は，新しい教育目標，カリキュラム，評価手法を導入することで，実際に子どもたちの生活に良い変化が現れるという証拠をすでに数多くの学校や学校ネットワークから受け取っており，その数は増加中である。ヒューレット財団の「より深い学び」イニシアチブ（Deeper Learning Initiative）[198]は，500 以上の学校での研究を通して，CCR の枠組みの要素を含む一連のさまざまなコンピテンシーを学ぶことで，すべての子どもたちがより成功することが可能になるというデータを示している。これに関し，最近の American Institute of Research Report において，膨大な証拠をふまえ以下のように述べられている。

……ウィリアム ＆ フローラ・ヒューレット財団の「より深い学び」実践共同体（Willian and Flora Hewlett Foundation's Deeper Learning Community of Practice）と連携したネットワークの高校に通う生徒たちは，比較対象である平均的な高校に通う同様の生徒たちよりも良いパフォーマンスを示した。その結果にはテストの点数，対人・個人内スキルの指標，留年せずに卒業した生徒の割合，大学進学率などが含まれている[199]。

我々は今のシステムより良いことができる。これまでに得たすべての専門知識から学び，それらを統合し，しっかりと考えた上で，革新をめざしてジャンプしなければならない。

社会的なメタ学習

最後に，ここで述べたことについてのもう１つの見方は，我々はみな，この社会における巨大なメタ学習（meta-learning）のプロセスに集団として参加しているということである。我々は学習目標や学習方略を吟味し，教育の前進

後退を常にモニタリングしたり，ふり返ったりしている。また，いつでも経験から学び，新しい革新を試みている。これらはみな，教育の再設計のためなのである。

本書は，そうした方向への第一歩である。我々CCRは，21世紀の世界で直面する課題をまとめ，それらの課題を最もうまく対処できる教育目標のための最高の処方箋を提示した。それこそが21世紀の学びに向けた我々の枠組みにおける4つの次元である。

我々は，本書のWEBサイトのコメント欄において読者からフィードバックが得られることを期待している。それは本書の改訂時に取り入れられ，その教訓に基づいた行動や，革新の継続に役立てられるだろう。「はじめに」の章で書いたように，この進化的手法を用いたカリキュラムの共同再設計に見合うように，我々は書籍の再配布モデルを採用している。

教育目標と学習体験を再設計し，すべての子どもたちを将来に向けて備えさせ，我々みなのために素晴らしい未来を作りあげる力を授ける。これ以上に大きな課題，ワクワクする旅はないだろう。あなたがこの興奮を共有し，この「21世紀に向けて子どもたちは何を学ぶべきか」という短い問いから始まる冒険に加わりたいと思ってくれることこそが，我々の願いである。

● 原注 ......

196. 街灯効果とは，次の物語から来た専門用語である。ある夜，警官がバーのそばを歩いていると，街灯の下で地面に這いつくばった酔っ払いの男に出会った。「何を探しているんですか？」警官は男に尋ねた。「家の鍵を探しているんです」男は答えた。「このあたりで失くしてしまいましてね」「手伝いますよ」警官はそう言って，一緒に街灯の周辺を探し始めた。しかし，数分たっても，鍵を見つけることはできなかった。「本当に，鍵を失くしたのはここですか？」警官は尋ねた。「いやぁ，それはまったく自信がありません」男は答えた。「路地で失くしたかもしれない」「ならなぜ，その路地を探さないのですか？」警官は尋ねた。酔っ払った男は答えた。「まぁ，ここに灯りがあったもんで」。

197. Conrad Wolfrram,
www.conradwolfram.com/home/2015/5/21/role-ofevidence-in-education-innovation

198. Hewlett Foundation's Deeper Learning Initiative,
http://www.hewlett.org/programs/education/deeper-learning

199. American Institute of Research Report, "Deeper Learning," August 2015,
http://educationpolicy.air.org/publications/deeper-learning-improving-studentoutcomes-college-career-and-civic-life - sthash.N6W5vWeI.dpuf

Appendix

● 用語の論拠

　正確な用語を考えるには何を考慮する必要があるだろうか。最も適した用語を作るにあたり，CCR は以下の論理を用いてきた。

・ その言葉は一般に，教育の専門家でない人にも理解できるものか？
・ その言葉は一般に，英語を母語としない人にも理解できるものか？
・ その言葉は必要なアクションを可能な限り最大限，意味しているか？
・ その言葉は，適切な抽象度で使われているか？

こうした方法によって，CCR は表 A1.1 に示す以下の言葉に用語を絞った。

表 A1.1　CCR のタキソノミー
出典：CCR

考えられる言葉	CCR が選んだ言葉	論理
Subject（科目） Content（内容） Disciplines（学問分野） Knowledge（知識） Understanding（理解）	Knowledge（知識）	・ Subject は Content を構成するものである。 ・ Content は Knowledge の一部である。 ・ Disciplines は Knowledge の各分野のことである。 ・ Understanding は結果としての到達点であり，さまざまな意味をもっていて使いにくい。
21st Century Skills 　（21世紀型スキル） Higher Order Thinking Skills 　（高次思考スキル）	Skills（スキル）	・ Skill という言葉は「知識を使う」こととして広く理解されているが，九九の計算から起業することまで，多様な文脈で使われすぎている。CCR は Skill を，「4 つの C」を表すことのみに用いる。
Character（人間性） Agency（主体） Aptitude（適性） Attitudes（態度） Attributes（特質） Behaviors（ふるまい） Compass（コンパス） Disposition（心性） Personality（性格） Temperament（気質） Values（価値） Social & Emotional Skills 　（社会・情動的スキル）	Character（人間性）	・ すべてを 1 語で表す言葉はない。 ・ Character は，特にアジアなど，多くの国々で使われている。アジアではアメリカやイギリスよりも政治的意味合いが弱い。 ・ Character は専門家でない人にもわかりやすい。 ・ その他の言葉はいずれも意味が限られているし，誤解を生みやすい。 ・ Social & Emotional Skills は長すぎるし，学問的な響きがある。また Skill という言葉が混乱を招く。
Metacognition（メタ認知） Learn how to learn 　（学び方の学習） Reflection（省察） Self-directed learning 　（自己主導型学習）	Meta-learning （メタ学習）	・「学習者が，自身の認識の仕方や問い方，学び方，そして自分の中の成長志向に気づき，それをコントロールするようになるプロセス」を意味する。 ・ 第 4 の次元としてこれを独立させることは難しいことだが，この次元の重要さを考えると，Skills の中に入れ込むよりも，特別に強調できてよい。 ・ Metacognition は専門的すぎるし，他の言語話者にはわかりにくいだろう。 ・ Meta-learning をこのレベルに置いた理由は，それが他の 3 つの次元を深めたり，有効にしたりするものであることや，学習方法や成果のふり返り，調整を行うものであることにある。

Appendix

● CCR とは

教育のスタンダードを再設計する

　カリキュラム・リデザイン・センター（the Center for Curriculum Redesign: CCR）は，21 世紀における K-12 教育（幼稚園から高校までの教育）のスタンダードを再設計することによって，人間の能力を拡大し，集団的な繁栄をもたらすことを目指した国際的組織，研究センターである。新しい包括的な枠組みを作るため，CCR はさまざまな視点をもった協力者を集め，「21 世紀に向けて子どもたちは何を学ぶべきか？」という問いに答えようとしている。協力者には，国際組織，教育管区，研究機関，企業，財団などの非営利団体が含まれる。

センターの指針

　持続可能な人類，すなわち集団としての可能性が拡大され，集団としてより良く繁栄することは，社会，経済，環境といった複数の要因の組み合わせの中で実現するものである。その中で鍵となるのは，やはり適切な教育である。それは有意義なカリキュラムに基づくものであり，持続可能性，バランス，心身の幸福の創造に不可欠なものである。

　教育方法や教授法に多くの注意が払われている一方で，CCR は K-12 教育の"何を"は"どのように"と同じくらい重要であると主張し，"何を"に焦点を絞っている。

　21 世紀では，変化の加速度的な増大や，社会や個人に必要なものが変わりつつあることを考慮しなくてはならない。カリキュラムは子どもたちが生きる世界に対し有用なものでなければならないし，それに適合したものでなければならない。

　"何を"を意味ある形で考えるには，異なる視点に心が開かれていなければならない。それゆえに CCR は独断を避け，革新や統合を強調する。すなわち，さまざまな情報を最も明快で最も影響力があるように適用し，体系化していく。

　"我々は，自らが望む未来を作りあげることができるし，そうしようとして

155

いるのである。"（We can — and will — shape the future we want.）

"何を" に焦点を当てる

テクノロジーの急激な変化により，未来はいっそう予想できないものになっているが，1つだけ確かなことがある。それは，以前より遥かに複雑なものに対処できるよう子どもたちを備えさせなければならないということである。最後の大きなカリキュラム改革は 1800 年台後半に行われた。そのときも急激な変化による要求があったが，21 世紀も同様で，もはや 19 世紀のカリキュラムに頼っている余裕はまったくない。実際のところ，21 世紀の要求に応じたバランスと柔軟性をもったカリキュラムについて，それを深く検討，再設計し，子どもたちのもとに届けない限り，彼らの成功は見込めないだろう。この "成功" とは，適応力（adaptability）と多能性（versatility）を手に入れることである。

適応力と多能性をもとにカリキュラムを設計することで，我々は 2 つの大きな目標を達成していく。

1. 個人が人間として，職業人として成功，充実するチャンスを高めること。
2. 社会に参加する能力や理解の共通基盤を作り，人類の持続可能性を高めること。

センターの仕事

CCR はプログラムでもなければ，仲介業でもない。CCR スタッフと協力者はその仕事に包括的に従事しており，教育に関するあらゆるステークホルダーがもつ要求，課題を徹底的に理解するために，政策決定者や指導要領作成者，カリキュラム・評価の開発者，学校管理者，校長，部門長，鍵となる教師，そして他の思想的リーダーや影響力のある人物とアクティブに関わっている。これは，有意義で適切な 21 世紀の教育へのビジョンを創造し，それを実際に遂行するために不可欠なことである。

CCR の研究や調査結果，提言は，CCR が後援する会議やセミナー，ホームページ，ソーシャルメディア，コンサルティング，講演など，さまざまな形で活発に広められている。以下のリンクから我々の考えをまとめたビデオを見る

ことができる。それは自由に共有可能である。

https://www.youtube.com/watch?v=n7dgWnPIENU

https://vimeo.com/120748039

● CCR の評価研究コンソーシアム

なぜ評価研究コンソーシアムなのか

　新しい枠組みと幅広い教育の目標ができたことで，現在，そうした目標の達成度を調べるより高度な測定指標が必要とされている。他の新しい分野や産業では，組織や専門家たちの前競争的，協働的なコンソーシアム（共同事業体）によって，進捗度を測定，査定，評価する新しい規準を策定することが多い。そうしたコンソーシアムでは，公平な研究の場や高い規準，効果的な実践を集団で作りだすことで，すべての構成員に最良の結果がもたらされる。

　現在，評価に関する多くの取り組みが世界中にあるが，それらは互いにつながっていないため，研究は軌道に乗らず，発展が困難な状況にある。半導体や生命工学など他の産業界では，独立した研究の取り組みをコンソーシアムがつなぎ，コストや成果を前競争的に共有することで，複雑な研究を軌道に乗せる。そして，基盤となる研究やお手本となる実践がしっかりと立ち上がり，それがコンソーシアムのすべてのメンバーに共有されると，それによりサービス，製品両方のグローバル市場において協働的，競争的に幾千ものイノベーションが花開くのである。

　教育評価コンソーシアムの目指すところは，子どもたち，教室，学校，地域，州，国，そして国際的なレベルでの学びの進捗—21 世紀のグローバルな目標や望ましい教育成果に即した学びの進捗を測定するシステムを再設計する共同の場を作りだすことである。

どのように評価研究コンソーシアムは活動するのか

　本コンソーシアムは現在，政府，民間，学界，非営利団体のそれぞれのリー

ダーに参加を呼びかけている。そこでは，学びのための評価（assessment for learning）と，学びとしての評価（assessment as learning）をCCRの枠組みの4つの次元（知識，スキル，人間性，メタ学習）について定義する重要な研究プロジェクトを集団的に導いていく予定である。

　本コンソーシアムは，我々の枠組みにおける12のコンピテンシーの評価について，最先端の提言を行うことを目指している。21世紀の社会的な要求にできるだけ早く教育を対応させなければならないことを考え，コンソーシアムは評価に関する提言を3〜5年以内に完成させ，すみやかにそれを導入するよう訴えていきたいと考えている。

学びの評価 （Assessment of learning）	学びのための評価 （Assessment for learning）	学びとしての評価 （Assessment as learning）
子どもたちが知識やスキル，他のコンピテンシーを高められたかを，確立された標準や基準，学習目標に照らして測定する心理測定学的に妥当な標準テストや測定ツール。説明責任やプログラムの評価，研究の用途で用いられる。 例：全米学力調査	現在遂行中の活動やパフォーマンス課題における生徒の学びの進捗状況，新たに生じた学びの要求，そして活動を見直し，コンピテンシーを向上させる機会などを知るための形成的なポートフォリオ集積法。 例：パフォーマンス課題	評価が埋め込まれた形成的で有意義な学習課題。評価では，進行中の学習過程の一部として即時のフィードバックが行われる。そして，多様なフィードバックをふまえ，さらに習熟するために課題が進行していく。 例：オンライン学習ゲーム

解説―本書が示す教育のあり方と新たな教育の動向

◆岸　　学

1　はじめに

　本書のタイトルである"*Four-Dimensional Education*"は,「新たな教育を進めるための枠組みを4つの次元によって構成する」「21世紀に目指す学校教育のあり方を4つの次元からとらえる」という意味をもっています。この本は,Center for Curriculum Redesign（CCR）によってファデル氏（Fadel, C.）を中心に2010年代以降に構築・改訂されてきた「教育の4つの次元」の成果を集約した内容になっています。

　下の図1は,本書の表紙に示されているもので,「CCRの枠組み」（The CCR Framework）と呼ばれ（詳細は本書61ページ）,4つの次元の構成内容とそれらの関係をわかりやすくまとめたものです。近年,21世紀の新たな教育を論議するときには,数多く引用されてきているものなのです。

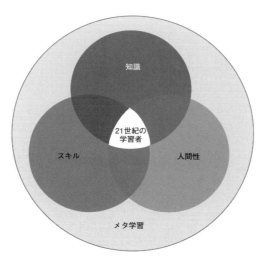

図1　CCRの枠組み

最近は，図の4つの次元の名称や構成のあり方について検討が進み，次元の用語の修正案や図表現の改訂などが提案されていますが，この枠組みがもともとどのように構築されてきたかを理解することは重要であると考えています。

そこで，まず，この枠組みの意味と意義をおおまかに紹介し，次に，枠組みの検討と修正・改訂等の新しい提案に関して，国際的にはOECDの「2030年の教育」（Education 2030：The Future of Education and Skills）事業（以下，Education 2030事業）やPISAとの関係，国内的には現在進行している文部科学省の学習指導要領改訂とのつながり，さらには，東京学芸大学で進めている次世代教育研究プロジェクトでの位置づけについて解説していきます。[1]

2　CCRの枠組みのポイントはどのような点でしょうか？

ところで，本書で提案しているCCRの枠組みとはどのようなもので，どのような特徴があるのでしょうか。

CCRの枠組み，すなわち4つの次元についての解説は，Chapter 1の「CCRの進め方」で，その作成の過程が説明され，Chapter 3では知識（knowledge）の次元，Chapter 4ではスキル（skills）の次元，Chapter 5では人間性（character）[2]の次元，そしてChapter 6ではメタ学習（meta-learning）の次元が詳説されています。

それによりますと，知識（knowledge）の次元とは，学校教育の教科で学習する知識とおおむね対応していますが，それだけでなく，現代社会やグローバル社会を生きていくための現代的・学際的知識も含んだ内容です。そして，この次元では，「我々は何を知り何を理解しているか」を対象としているのです。

スキル（skill）の次元とは，「知っていることをどのように用いるのか」に関するものであり，学校教育の教科を越えた，あるいは教科を横断するような共通のスキルを想定しています。代表的なのが4C's（four Cs）と呼ばれる4つのC，すなわち，創造性（creativity），批判的思考（critical thinking），コミュニケーション（communication），協働（collaboration）の側面です。その他にも教科を横断するスキルとして，問題解決力（problem solving），見通す力（foresight）などの側面がいろいろな研究から提案されています。これらの側面は，これまでの学校教育でも，教科内容を越えて育成すべき力として重視

され続けてきました。しかしながら，これからの教育の流れでは，重視の程度がより増大し，どのように育成すべきか，育成の成果をどのように評価するかがまさに中心の論点となってきています。

　人間性（character）の次元とは，「どのように行動し，どのように世界と関わるか」に関するもので，より良い生活，人間関係，そして社会を構築・持続していくために不可欠であるとされています。具体的には，マインドフルネス（mindfulness），好奇心（curiosity），勇気（courage），レジリエンス（resilience，復元力），倫理（ethics）などの側面が挙げられています。その他にも，受容と共感する心（acceptance and sympathy），向上心（aspiration），正しくあろうとする心（sense of justice）などの側面が提案されています。そして，日本ではおもに道徳，特別活動，総合的な学習の時間によって育成されるととらえられています。しかしながら，新しい教育の方向では，この次元の育成を特定の教科や活動に限定すべきものとはとらえず，多くの教科等によって総合的に育成するという考え方に向かうようです。

　最後にメタ学習（meta-learning）の次元です。メタ学習とは「学び方の学習」であり，メタという用語は，メタ認知（認知のしかたの認知），メタ記憶（記憶しているかどうかの認知）のように，実際の学習・認知活動そのものよりも一段高いレベルの活動を説明するときに使われます。なお，本書（134ページ）では，おもにメタ認知活動について説明されています。メタ学習は，他の3つの次元をすべて包括する位置づけになっており，知識・スキル・人間性を育成する教育の営みの中で，そのすべてをコントロールする役割があるとされています。具体的なコントロールの機能として重要なのは転移（transfer）であります。これは，習得した学習のしかたを，他の内容や状況や時期に出会う新しい学習のときに的確に適用していくことです。これにより，我々は学習の領域を質・量ともに拡大し続け，学校教育を終了しても生涯にわたって学習を深め続ける原動力となるのです。

　CCR の枠組みは，世界中の活動・事業・プロジェクトで，主要な考え方の1つとして位置づけられています。また，枠組みの内容改訂もいろいろ論議されています。ぜひ動向に注目してください。

3 OECD の Education 2030 事業や PISA 調査とは どのようなつながりがありますか？

　では，CCR の枠組みは，OECD の Education 2030 事業とどのように関係するのでしょうか。

　Education 2030 事業とは，現代よりもはるかに複雑で，かつ現在からでは予測がきわめて難しいと思われる 2030 年の世界を想定し，その世界で生きる大人と子どもたちのためにどのようなコンピテンシー（competencies, 資質・能力）が必須か，またそれをどのように育成すべきか，などの問題を各国協力して検討し，具体的な対応を提案する事業です。検討に際しては，前提条件として，コンピテンシーの枠組みが国際的に妥当性の確認された内容であることがあげられますので，そのための論議を重ねるところから始まります。さらに，事業の帰結として，各国の教育システムの変革を促すことになりますので，カリキュラムのガイドラインとその改定，妥当性の高い評価枠組みの策定，多国間での政策対話が必要となるとされています[3]。

　事業は 2015 年から 2018 年を第 1 フェーズ，2019 年以降を第 2 フェーズとしています[4]。第 1 フェーズでは，これまでの OECD による教育の考え方を方向づけてきたキー・コンピテンシー（key competencies）（OECD DeSeCo, 2001）の見直し作業を行っています[5]。第 2 フェーズでは，新たに構築されたコンピテンシーを育成するための学習環境の整備や各国での教育システムの提案が検討課題として示されています。

　ここで，キー・コンピテンシーと PISA 調査の関係について紹介しましょう。2015 年の時点で示されていたキー・コンピテンシーは図 2 のとおりで，3 つの側面「自律的に活動する」「異質な集団で交流する」「相互作用的に道具を用いる」の下位カテゴリーとしてそれぞれ 3 つの合計 9 要素から成ると考えていました。このキー・コンピテンシーの考え方に基づいて作成・実施されたのが，2000 年から 3 年おきに実施されている生徒の学習到達度調査 PISA（Programme for International Student Assessment）です。これは，数学的リテラシー，読解力，科学的リテラシーを測定するテストから構成され，世界共通の問題にて実施されて，結果の国際比較が調査実施国の間で話題となりました。日本でも大きな論議になったことはご承知と思いますし，2007 年度から実施されてい

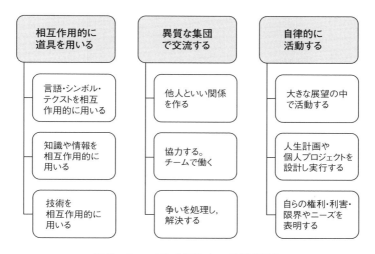

図2 キー・コンピテンシーの構成概念
出典：ライチェン, D. S., サルガニク L. H.（立田慶裕監訳） キー・コンピテンシー──国際標準の学力をめざして── 2006年 明石書店

る全国学力・学習状況調査の問題内容にも大きく影響を与えています。さらに，2003年と2012年のPISA調査には問題解決能力が加わり，2015年には問題解決力の調査が協同問題解決能力の調査に替わっています。PISA調査のねらいや構成が図1のキー・コンピテンシーの要素を基盤にしていることを確認していただきたいと思います。

そして，Education 2030事業の第1フェーズ（2015～2018年）終了時に実施される予定のPISA 2018には，Education 2030の事業目標が，より色濃く反映されるはずだと考えられるでしょう。それは，グローバルコンピテンス(6)（global competence）という概念の導入であり，目標化と思われます。グローバルコンピテンスとは，「相互交流・相互依存・多様性に満ちあふれた世界の中で活躍するため，個人レベル及び他者協働レベルの両水準において，適切かつ影響力をもった交流活動ができる力や性質(7)」のこととされています。そして，その構成要素として，知識を基盤にして，素直さと柔軟性，情緒の強靱さとレジリエンス，コミュニケーションと関係性のマネジメントという内容が考えられています。これらの要素は，教育すなわち学習面，就業すなわち労働面，地

域社会すなわち生活面へと広範に貢献する資質・能力になると思われます。[8]

　さて，2016 年 5 月の時点での Education 2030 事業の検討状況は次の通りです[9]（もちろん，今後変更される可能性が高いですが）。まず，コンピテンシーを構成する枠組みですが，知識（knowledge），スキル（skills），そして態度・価値（attitudes & values）の 3 つから構成されると考えられており，CCR の枠組みとは知識とスキルが共通です。また，態度・価値につきましては，CCR での人間性が類似していると思われます。知識は，学問的知識（disciplinary knowledge），学際的知識（interdisciplinary knowledge），実用的知識（practical knowledge）の 3 要素から成ると考えられています。これまでの知識のとらえ方と大枠では類似しているようですが，各要素がかなり広範囲な内容を包含しており，学校教育，特に小中学校での知識のとらえ方（概念に関する知識，手続きや手順に関する知識，技能）との間では調整が必要なようです。スキルは，認知・メタ認知的スキル（cognitive and meta-cognitive skills），社会的・情動的スキル（social and emotional skills），身体的・実用的スキル（physical and practical skills）の 3 要素からなります。これらは，CCR の枠組みで紹介した 4C's の上位に位置するような内容であり，3 要素のそれぞれがどのような下位要素から構成されるのかが明らかになってくると思います。特徴的なのは身体的な要素が加わったこと，CCR ではメタ学習が 4 つの次元の 1 つとして位置づいていたのが，メタ認知として，スキルの構成要素になった点でしょう。今後またいろいろな論議が起こると思います。

4　学習指導要領とはどのようなつながりがありますか？

　それでは，現在進められている学習指導要領の改訂内容と，CCR の枠組み，さらには OECD の検討内容とはどのようなつながりがあるのでしょうか。現時点で文部科学省より公表されている中央教育審議会教育課程部会教育課程企画特別部会（第 7 期）の検討状況の資料[10]（Web にて入手可能なもの）をもとに，説明していきます（今後の変更の可能性があることをご理解ください）。

　まず，現在の学習指導要領について，その特徴を説明します。現在の学習指導要領は 1998 年に「生きる力の」の育成を目標にしてスタートしました。育成に際しては，「確かな学力」「豊かな人間性」「健康・体力」をバランスよく

解説—本書が示す教育のあり方と新たな教育の動向

育てることを目指しており，「知・徳・体のバランスのとれた育成」と称されています。その中で特徴的なのは，国語，理科，図画工作，体育などの教科の学習で，「思考力」「判断力」「表現力」というスキルが教科を横断して（いろいろな教科で共通して）育成されようとしている点です。また，道徳，特別活動，総合的な学習の時間によって，豊かな人間性育成の根幹をなす，協働する力，コミュニケーション力，倫理性，責任感などの育成が行われているのも特徴です。

　そこで，現在検討が重ねられている学習指導要領の改訂ですが，改訂の観点は「何ができるようになるか：新しい時代に必要となる資質・能力の育成」，「何を学ぶか：育成すべき資質・能力を踏まえた教科・科目等の新設や目標・内容の見直し」，「どのように学ぶか：アクティブ・ラーニングの視点からの不断の授業改善」の３つがポイントです。その中で，新しい時代に必要となる資質・能力として，①何を知っているか・何ができるか：個別の知識・技能，②知っていること・できることをどう使うか：思考力・判断力・表現力，③どのように社会・世界と関わり，よりよい人生を送るか：主体性・多様性・協働性，学びに向かう力，人間性など，の３点をあげています[11]。これらの要素と学習評価の位置づけとを統合して表したのが，図３です。ここで注目すべきは，新しい時代に必要となる資質・能力の①〜③が，CCR の枠組みとほぼ対応していることです。実際，第２回政策対話において，図３に示したカリキュラム・デザインの３概念と CCR の枠組み（教育すべき３要素）との重なりが提示されています[12]。すなわち，CCR の枠組みの「知識」は，図３の「個別の知識・技能」，「スキル」は「思考力・判断力・表現力等」，「人間性とメタ学習」は「主体性・多様性・協働性，学びに向かう力，人間性など」にそれぞれ対応していると考えられるのです。

　以上のように，本書の CCR の枠組み（教育すべき３要素），OECD の Education 2030 事業でのコンピテンシーの概念構成，そして文部科学省による育成すべき資質・能力の３つの柱は，相互に関係が見いだされることがわかりました。これらの考え方は，今後の新しい教育を方向づけるものであり，学校教育，学校経営，授業実践，教育研究，そして生涯教育に携わる方々が共通認識にすべき内容であると言えましょう。

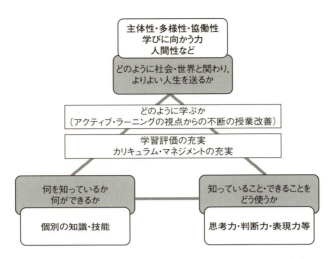

図3　育成すべき資質・能力の3つの柱を踏まえた日本版カリキュラム・デザインのための概念
出典：文部科学省中央教育審議会教育課程企画特別部会論点整理補足資料（2015），p.27をもとに作図

　では，実際の授業の中でこれらの考え方を具体化し，実践を行うにはどのようにしたらよいでしょうか。次項で提案していきます。

5　では授業はどのようにすればよいですか？
〜東京学芸大学次世代教育研究プロジェクトの取り組み〜

　「日本の小学校では，ほとんどの授業はアクティブラーニング方式によって実践している」，「協働によって課題を解決する授業は多くの授業で実践している」，「協力し合う心は特別活動や総合的な学習の時間ですでに育成している」，これらは小中学校の多くの先生方からの報告や意見です。実際，東京学芸大学の次世代教育研究プロジェクトでも2015年度に全国の小中学校の先生900名に調査を行った結果，さまざまな授業の中で新たなスキルや人間性の育成を行っていると考えていることが確認できました。すると，論点は，今まで通りの授業や教育活動をやっていれば大丈夫なのか，となってきます。
　東京学芸大学のプロジェクトでは，小中学校の教科等（道徳，総合的な学習の時間，特別活動を含む）の具体的な授業計画とその事例をビデオに収録し，その分析を通じて，スキルや人間性特徴の育成が，授業準備・教材研究と準備・

指導案立案・実践・発問・まとめ・評価などの一連の活動のどこにどのように現れているのかの情報を収集しています。その結果，すべての授業でスキルと人間性育成に関わる活動が見られること，それの具体的な証拠が提示できることになりました。

ただし，ここで考えていただきたいのは，授業で知識を伝える活動の中で「結果として」スキルや人間性の育成が図られたのか，スキルや人間性の育成を「意図した」授業として知識の習得からの構成を考えたのかの違いです。Education 2030事業や新学習指導要領が求めているのは後者なのです。たとえば，協働する力（collaboration）を教科等で横断的に育成するということは，各教科等で独自に協働する力を育成するためのプランをつくるのではなく，協働する力を育成するためには各教科等のどのような特質を統合していくのがよいかという設定が必要なのです（図4）。図4では，上側のとらえ方から下側のとらえ方へと移行していく必要があるでしょう。また，これにより，本書の中で何度も議論されている教科の増減についての問題も，学問領域ごとの教科区分から，スキルや人間性特徴を育成するのにふさわしい教科は何かという視点で考えることもできます。

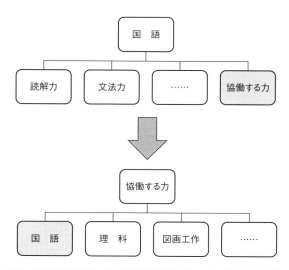

図4　教科横断的スキルと教科の関係（スキル：協働する力）

さらに，教科横断的スキルやすべての教科で育成していく人間性という考え方を進めるためには，各教科等の独立性や特徴を強調する考え方から，教科の共通性を探る視点をもつ方が，明らかにアドバンテージが得られると思われます。

東京学芸大学次世代教育研究プロジェクトのもう１つの柱として，学習評価方法の開発部門があります。図２にも示されていますように，コンピテンシー育成をスムーズに成就させるためには，授業時間内や単元内で簡潔に実施できるパフォーマンス評価，ルーブリックの活用，ICT活用による評価などの確立が不可欠です。大規模な質問紙調査，大規模なビデオ収録やインタビューでは，確かに評価に関する詳細な実態を描きだすことはできますが，実際の，毎日の，日本中の授業では実施できません。本プロジェクトでは，実践可能性がありながら妥当性と信頼性を保つことができる評価法の提案というテーマに取り組んでいます。さらに，道徳，特別活動，総合的な学習の時間の科目についても，同趣旨の評価方法を検討していきます。

● 注 ....

〈1〉 なお，解説は 2016 年 5 月時点での動向に基づいていることをご了解ください。
〈2〉 character の訳語として，人格特性，人格，性格特性，人間性などが使われています
〈3〉 2015 年 12 月 10 日に開催された OECD/Japan セミナーのシュライヒャー局長講演資料を筆者が和訳・要約。
〈4〉 本稿執筆は 2016 年 5 月であり，第 1 フェーズ期間です。現時点での情報をもとに記述していることをお断りしておきます。
〈5〉 Definition and Selection of Competencies.
〈6〉 注〈3〉の再掲。
〈7〉 注〈3〉の再掲。
〈8〉 注〈3〉の再掲。
〈9〉 2016 年 5 月の OECD　3rd Informal Working Group (IWG) 資料より。
〈10〉 http://www.mext.go.jp/b_menu/shingi/chukyo/chukyo3/053/sonota/1361117.htm
〈11〉 文部科学省中央教育審議会教育課程企画特別部会論点整理補足資料 (2015), p.26 より。
〈12〉 文部科学省中央教育審議会教育課程企画特別部会論点整理参考資料 (2015), p.165 に示されています。

Index

● あ
評価（assessment） 51
誤った二分法（false dichotomy） 34, 98, 149

● い
意思決定（decision making） 56, 105
イノベーション（innovation） 101

● え
M字型人間（M-shaped individual） 17

● か
海外委託 25
街灯効果（streetlight effect） 150
学際的知識 79
拡散的思考（divergent-thinking） 102
学習志向（learning-oriented） 139
学習指導要領 164
価値（value） 77
カリキュラム・リデザイン・センター（the Center for Curriculum Redesign：CCR） 6, 53, 155
環境リテラシー 92

● き
キー・コンピテンシー（key competencies） 162
気概（grit） 125
起業家精神 101
危険を冒す行動（risk-taking） 124
教育管区（jurisdiction） 52, 143
教育テクノロジー（education technology） 144
教科横断的スキル 168
協働（collaboration） 99, 108
協働学習（collaborative learning） 109
興味／剝奪理論（interest/deprivation theory） 122

● く
グローバルコンピテンス（global competence） 163
グローバルリテラシー 87

● け
経済産業諮問委員会（Business and Industry Advisory Council：BIAC） 114
芸術バイアス（art bias） 101
ゲーム理論（game theory） 39, 75
現代的知識 43, 79

● こ
好奇心（curiosity） 121
構成主義的アプローチ 97
国内総生産（GDP） 31
個人化 24
固定的思考態度（fixed mindset） 137
コミュニケーション（communication） 99, 107
雇用適性（employability） 72
コンソーシアム 157
コンピテンシー（competencies） 47, 162
コンピュータ支援（computer-assisted） 145
コンピュータ・ベース（computer-based） 145

● さ
最適覚醒モデル（optimal arousal model） 122

● し
思考態度（mindset） 139
自己効力感（self-efficacy） 124, 137
自己実現（self actualization） 30

自己超越（self transcendence）　30
システム思考　90
次世代教育研究プロジェクト　166
持続可能な開発目標
　（the Sustainable Development Goals）　33
実用的側面（practical）　77
自動化（automation）　20
社会進歩指数（the Social Progress Index）
　33
宗教教育　115
囚人のジレンマ（the Prisoner's Dilemma）
　74
自由7科（seven liberal arts）　68
10人委員会（the Committee of Ten）　68
主題（subjects）　74
主体性（agency）　15
寿命の延長　80
省察性（reflectiveness）　133
情緒的側面（emotional）　77
情報ギャップ理論（information gap theory）
　122
情報リテラシー　87, 146
食のピラミッド（the Food Pyramid）　49
心身の幸福（well-being）　32

● す
遂行志向（performance-oriented）　140
数学教育　145
スキル（skill）　44, 59, 160
スキルマップ（skill map）　98
スタンダード　35, 51, 52, 143
スマート機器（smart machines）　81

● せ
成長的思考態度（growth mindset）　133,
　137
世界経済フォーラム　10
設計目標（design goal）　49
専門性開発（professional development）　51

● そ
相互依存性（interdependency）　115

創造性（creativity）　99, 101
創造力問題（creativity problem）　102

● た
大学入学条件　52
多能性（versatility）　40
多能な人　3

● ち
知識（knowledge）　59, 67, 93, 160
知識マップ　71

● つ
ツール（tools）　41, 74

● て
T字型人間（T-shaped individual）　17
テーマ（themes）　87
適応力（adaptability）　40
デザイン思考　90, 101
デザインする思考態度（design mindset）
　14
デジタルリテラシー　92
転移（transfer）　97, 134
転移効果（transfer effect）　78
伝統的学問　71
伝統的知識　67

● と
道具的価値（instrumental value）　76
道徳的理由づけ（moral reasoning）　126
トピック（topics）　74

● な
内発的動機づけ（intrinsic motivation）　44
内容知識（content knowledge）　44, 98, 109

● に
21世紀型スキルの学びと評価
　（the Assessment and Teaching of Twenty-
　First Century Skills）　133
21世紀型スキル　117

Index

21世紀の情報リテラシーツール（Twenty-First Century Information Literacy Tool : TILT） 88

2030年の教育（Education 2030）　4, 60, 160

2020年の知識予測（Knowledge Forecast 2020） 79

人間性（character）　44, 116

人間性教育（character education）　113

人間性特徴（character qualities）　59, 113, 117

認証評価（accreditation）　36

認知的側面（cognitive）　77

●は

パーソナライゼーション（personalization） 146

●ひ

ビッグアイディア（big idea）　77

ビッグデータ　82

ビッグ・ファイブ（Big 5）　117

批判的思考（critical thinking）　56, 99, 105

評価　52, 143

　学びとしての評価（assessment as learning） 158

　学びのための評価（assessment for learning） 158

標準テスト（standardized testing）　36

●ふ

複雑系（complex systems）　89

プッシュ要因（pushes）　14

ブルーム（Bloom）の教育目標分類　106

プル要因（pulls）　14

プロジェクト型学習（project-based learning） 102

プロジェクト・ゼロ（Project Zero）　86

プロセス（processes）　41, 74

プロセス―関係性の枠組み（process-relational framework）　128

分野（branches）　74

●へ

ベター・ライフ・イニシアチブ（the Better Life Initiative）　32

●ほ

本質的価値（intrinsic value）　76

●ま

マインドフルネス（mindfulness）　119

マズローの欲求のピラミッド（Maslow's Pyramid of Needs）　29

学び合い　107

学び方の学習（learn to learn）　59, 133

●み

ミラーの法則（Miller's Law）　56

ミレニアム・プロジェクト（Millennium Project）　113

●む

ムーアの法則（Moore's Law）　15

●め

瞑想　120

メソッド（methods）　41, 74

メタ概念（meta concept）　73

メタ学習（meta-learning）　59, 133, 140, 151, 161

メタ学習方略　44

メタ認知（meta cognition）　134, 161

メディアリテラシー（media literacy）　108

●も

モノづくり思考態度（maker mindset）　81

問題基盤型学習（problem-based learning） 102

●ゆ

勇気（courage）　123

●よ

よい国家指数（the Good Country Index）

33
4つのC（four Cs）　101, 109, 160

● り
リーダーシップ（leadership）　127
倫理（ethics）　57, 126

● れ
レジリエンス（resilience）　55, 124, 139

● わ
枠組み　6, 46, 57, 159

●● A〜Z
ATC21S　61, 100
fMRI　122
OECD　4, 32, 54, 60, 114, 133, 160
P21　61, 98, 100
PISA（Programme for International Student Assessment）　100, 162
Project 2061　73
STEM　43
VUCA　14

●● 人名
アブラハム・マズロー（Abraham Maslow）　29
アルフレッド・ビネ（Alfred Binet）　139
アンジェラ・ダックワース（Angela Duckworth）　125
ウィリアム・グラハム・サムナー（William Graham Sumner）　105
ヴェロニカ・ボア・マンシラ（Veronica Boix-Mansilla）　86
エドガール・モラン（Edgar Morin）　118
エドワード・ウィルソン（Edward Wilson）　59
エリック・シュミット（Eric Schmit）　87
エレン・ランガー（Ellen Langer）　120
キャロル・ギリガン（Carol Gulligan）　126
キャロル・ドゥエック（Carol Dweck）　137
クリスチャン・ド・デューブ（Chiristian de Duve）　115
コンラッド・ウルフラム（Conrad Wolfram）　150
ジャレド・ダイアモンド（Jared Diamond）　12
デレク・カブレラ（Derek Cabrera）　90
ハワード・ガードナー（Howard Gardner）　118
ミハイ・チクセントミハイ（Mihaly Csikszentmihalyi）　101
ローレンス・コールバーグ（Lawrence Kohlberg）　126
ロバート・スタンバーグ（Robert Sternberg）　118

著者について

チャールズ・ファデル（Charles Fadel）

グローバル教育に関する思想的リーダー，専門家，未来学者，発明家。CCR の設立者，会長。ハーバード大学大学院教育学研究科・客員研究員。BIAC，OECD の教育に関する委員会の議長。ベストセラー『21世紀型スキル』（*21st Century Skills*）の共著者。Helvetica Educatio 財団（ジュネーブ，スイス）の設立者，代表。The Conference Board 人的資源委員会の上級研究員。P21.org の上級研究員。彼は 30 以上の国の教育システムや教育機関で仕事をしている。以前は Cisco Systems でグローバル・エデュケーション・リーダー，マサチューセッツ工科大学・実験的研究グループ（Experimental Study Group）の客員研究員，ペンシルバニア大学の人材育成責任者（Chief Learning Officer），Beacon Angels のエンジェル投資家でもあった。電気工学の理学士（BSEE），経営学修士（MBA），そして 5 つの特許をもっている。

チャールズの全経歴は以下を参照：

http://curriculumredesign.org/about/team/#charles

マヤ・ビアリック（Maya Bialik）

著述家，編集者，CCR の研究統括者。個人，政策レベルにおいて科学の解説や応用に熱心に取り組んでいる。彼女は「みんなの科学」（People's Science）という，より良い科学と社会の関係をめざす非営利団体の共同設立者，副所長である。また，サイエンス・コミュニケーション（科学者と市民との対話），即興演劇，学際研究のワークショップを開催している。マヤはハーバード大学で精神・脳・教育（Mind, Brain, & Education）プログラムの修士号を取得しており，複雑系，教育，環境科学，心理学，神経科学，言語学の研究・執筆活動を行っている。

彼女のツイッターをフォローするには，@mayabialik

バーニー・トリリング（Bernie Trilling）

「21世紀学習アドバイザー」（21st Century Learning Advisor）の設立者，最高責任者（CEO）。以前はOracle教育財団のグローバル・ディレクターでもあった。彼は「21世紀型スキルのためのパートナーシップ」（Partnership for 21st Century Skills, P21）の役員，およびP21の虹の枠組み（rainbow-learning framework）を作った委員会の共同代表であり，現在はP21の上席研究員，American Leadership Forumの上席研究員も務めている。また過去にWestEdという国立の教育研究所の「教育におけるテクノロジー」（Technology In Education）グループの責任者や，Hewlett-Packard社のインストラクション製作総指揮者でもあった。同社では，遠隔学習のための双方向的なグローバル・ネットワークの開発を指揮してきた。バーニーは『21世紀型スキル：現代を生きるための学び』（*21st Century Skills: Learning for Life in Our Times*）の共著者であり，『より深い学び：21世紀型スキルを超えて』（*Deeper Learning: Beyond 21st Century Skills*）など，いくつかの本でも分担執筆をしている。また，多くの教育に関する会合で特別講演やワークショップリーダーを行っている。

● 監訳者紹介 ……………………………………………………………………

岸　　学 （きし・まなぶ）

1951 年　東京都に生まれる
1980 年　早稲田大学大学院文学研究科　博士課程単位取得満了
現　　在　東京学芸大学次世代教育研究推進機構　特命教授（プロジェクトリーダー）
　　　　　博士（心理学）
主　　著
・説明文理解の心理学　北大路書房　2004 年
・SPSS によるやさしい統計学　オーム社　2005 年
・説明の心理学（分担執筆）　ナカニシヤ出版　2007 年
・文書表現技術ガイドブック（編著）　共立出版　2008 年
・子どもの論理を活かす授業づくり―デザイン実験の教育実践心理学（分担執筆）
　北大路書房　2009 年
・ツールとしての統計分析（共著）　オーム社　　2010 年
・現代の認知心理学 3 思考と言語（分担執筆）　北大路書房　2010 年
・教育工学研究の方法（分担執筆）ミネルヴァ書房　2012 年

● 編訳者紹介 ……………………………………………………………………

関口貴裕（せきぐち・たかひろ）

1971 年　群馬県に生まれる
2000 年　大阪大学大学院人間科学研究科　博士後期課程修了
現　　在　東京学芸大学教育学部　准教授　博士（人間科学）
主著・論文
・ふと浮かぶ記憶と思考の心理学―無意図的な心的活動の基礎と臨床（共編著）　北大路書房
　2014 年
・The long-term effect of perspective change on the emotional intensity of autobiographical
　memories.（共著）*Cognition & Emotion*　2013 年

細川太輔（ほそかわ・たいすけ）

1978 年　東京都に生まれる
2008 年　東京学芸大学大学院　連合学校教育学研究科修了
現　　在　東京学芸大学教育学部　准教授　博士（教育学）
主著・論文
・国語科教師の学び合いによる実践的力量形成の研究―協働学習的アクション・リサーチの提案
　ひつじ書房　2013 年
・主体的・協働的な学びを引き出す学習環境デザイン「こと・もの・ひと」3 つの視点でデザイ
　ンする国語授業アイデア 23CASES　東洋館出版　2016 年

● 訳者一覧 ···

岸　　　学	東京学芸大学　次世代教育研究推進機構	監訳
関口　貴裕	東京学芸大学　教育心理学講座	編訳，Chapter 6
細川　太輔	東京学芸大学　日本語・日本文学研究講座	編訳，Appendix
下島　泰子	東京学芸大学　次世代教育研究推進機構	賛辞，献辞・御礼
藤川　和俊	東京学芸大学　次世代教育研究推進機構	プロローグ，はじめに
鈴木　直樹	東京学芸大学　健康・スポーツ科学講座	Chapter 1
鄭　　谷心	東京学芸大学　次世代教育研究推進機構	Chapter 1
柄本健太郎	東京学芸大学　次世代教育研究推進機構	Chapter 2
鈴木　　聡	東京学芸大学　健康・スポーツ科学講座	Chapter 2
西村　徳行	東京学芸大学　美術・書道講座	Chapter 2
藤田　智子	東京学芸大学　生活科学講座	Chapter 2
曹　　　蓮	東京学芸大学　次世代教育研究推進機構	Chapter 3
相田　隆司	東京学芸大学　美術・書道講座	Chapter 3
大谷　　忠	東京学芸大学　技術・情報科学講座	Chapter 3
林　　尚示	東京学芸大学　教育学講座	Chapter 4
谷川　夏実	東京学芸大学　次世代教育研究推進機構	Chapter 4
松尾　直博	東京学芸大学　教育心理学講座	Chapter 5
朝倉　隆司	東京学芸大学　養護教育講座	Chapter 5
宮澤　芳光	東京学芸大学　次世代教育研究推進機構	Chapter 7，Chapter 8
中村　和弘	東京学芸大学　日本語・日本文学研究講座	翻訳協力

21世紀の学習者と教育の4つの次元
―知識，スキル，人間性，そしてメタ学習―

2016年9月20日 初版第1刷発行	定価はカバーに表示
2017年3月20日 初版第2刷発行	してあります。

著　者	Ｃ．ファデル
	Ｍ．ビアリック
	Ｂ．トリリング
監訳者	岸　　　　　学
編訳者	関　口　貴　裕
	細　川　太　輔
訳　者	東京学芸大学次世代教育研究推進機構
発行所	㈱北大路書房

〒603-8303　京都市北区紫野十二坊町12-8
電　話　(075) 431-0361 ㈹
ＦＡＸ　(075) 431-9393
振　替　01050-4-2083

編集・制作　本づくり工房　T.M.H.
印刷・製本　亜細亜印刷㈱

ISBN 978-4-7628-2944-4　C1037　Printed in Japan© 2016
検印省略　落丁・乱丁本はお取替えいたします。

・ JCOPY 〈㈳出版者著作権管理機構 委託出版物〉
本書の無断複写は著作権法上での例外を除き禁じられています。
複写される場合は，そのつど事前に，㈳出版者著作権管理機構
（電話 03-3513-6969,FAX 03-3513-6979,e-mail: info@jcopy.or.jp）
の許諾を得てください。

協調学習とは
対話を通して理解を深めるアクティブラーニング型授業

三宅なほみ
東京大学CoREF
河合塾　編著

A5判　216頁　本体2000円+税
ISBN978-4-7628-2932-1

認知科学・学習科学の知見を背景とし，主体的な学びを引き出す授業づくりを，官民学一体の共同実践研究としてまとめる。一人ひとりの生徒が自らの頭で考え，対話を通して理解を深める「知識構成型ジグソー法」をアクティブラーニング型授業として平易に解説し，高校生向け授業の実践例を教科毎に紹介。

教材設計マニュアル
独学を支援するために

鈴木克明　著

A5判　208頁　本体2200+税
ISBN978-4-7628-2244-5

学校や大学・企業などで教えることに携わっている人，これから携わろうとしている人に向けての教材作成入門。IDの入門書でもある。教材のイメージ作りから改善までを一歩ずつ進めることができるように（各章はそれぞれ，学習目標・背景・キーワード・事例・まとめ・練習問題・フィードバックの7つで）構成。

授業設計マニュアル Ver.2
教師のためのインストラクショナルデザイン

稲垣　忠・鈴木克明　編著

A5判　212頁　本体2200+税
ISBN978-4-7628-2883-6

目標の設定，教材分析，指導案の書き方から評価の仕方まで，一連のプロセスを「授業パッケージ」とし，「よい授業」をするための必須を解説。巻末の2種類のワークシートで実践的に授業の質を高められるように編集。21世紀型スキル，自ら学ぶ意欲，協同学習，反転授業など，近年の動向にも対応させた改訂新版。

研修設計マニュアル
人材育成のためのインストラクショナルデザイン

鈴木克明　著

A5判　304頁　本体2700円+税
ISBN978-4-7628-2894-2

効果的で効率的で魅力的な研修とは？「教えない」研修とは？　目標達成のための最終手段と研修を位置づけ，学んだことがわからないままに終わってしまう事態からの脱皮を図る。何をどう教える（学ぶ）かだけでなく，なぜ教える（学ぶ）必要があるのかを徹底的に問い，業務直結型で組織に貢献できる研修設計をめざす。

子どもの思考が見える21のルーチン
アクティブな学びをつくる

R.リチャート，M.チャーチ，
K.モリソン 著
黒上晴夫・小島亜華里 訳

A5判　304頁　本体3000円+税
ISBN978-4-7628-2904-8

思考の可視化（Making Thinking Visible）によって学習者の関与感を高め，理解を深め，自立を促す授業を構成する。考えを導入・展開し，総合・整理し，掘り下げるため21のルーチンを実践的に紹介。新しい学びを学際的に追求してきたハーバード教育大学院「プロジェクト・ゼロ」による確かな試み！

教育目標をデザインする
授業設計のための新しい分類体系

R.J.マルザーノ，
J.S.ケンドール 著
黒上晴夫，泰山 裕 訳

A5判　200頁　本体2500+税
ISBN978-4-7628-2816-4

1956年に発表されて以来，教育現場に浸透していったブルームの分類体系を改訂し，人間の思考や知識の構造についての最新知見を取り入れた，教育目標に関する新しい分類体系の提案。情報を受け取ってから実際の行動に至るまでの認知活動（情報処理）の流れにそって体系化し，明確な適用方法をも示す。

デジタル社会の学びのかたち
教育とテクノロジの再考

A.コリンズ，
R.ハルバーソン 著
稲垣 忠 編訳

A5判　256頁　本体2200+税
ISBN978-4-7628-2790-7

テクノロジを活用した学習がもたらす「新たな力」と，学校教育が担ってきた「欠かすことの出来ない貢献」とを，どううまく統合していけばよいのか。この避けられない課題に正面から切り込む。認知科学系の学習論を背景にした上で，教育を学校外に持ち出そうとするテクノロジという視座から，未来の学びのかたちを考える。

21世紀型スキル
学びと評価の新たなかたち

P.グリフィン，B.マクゴー，
E.ケア 編
三宅なほみ 監訳
益川弘如，望月俊男 編

A5判　288頁　本体2700+税
ISBN978-4-7628-2857-7

生涯に渡る学習や自らの賢さを育て続ける力の育成が希求され，その教育と評価を考える国際プロジェクトが進行している。本書は，創造性，批判的思考，メタ認知，コミュニケーション，コラボレーション，ICTリテラシー等の4カテゴリー，10スキルについて詳説。日本でどう取り組んでいくべきかの書き下ろし2章を付加。